EL QUIJOTE Y LA BIBLIA

Juan A. Monroy

EL QUIJOTE Y LA BIBLIA

editorial clie

Editorial CLIE
Ferrocarril, 8
08232 VILADECAVALLS (Barcelona) España
E-mail: clie@clie.es
http://www.clie.es

EL QUIJOTE Y LA BIBLIA

Primera edición, Editorial Victoriano Suárez, Madrid 1963.
Segunda edición, Editorial Clie, Terrassa, 1967.
Tercera edición ampliada con seis nuevos capítulos, Editorial Clie, Terrassa 2005.
Cuarta edición, Ediciones Grafitec, Madrid 2012.
Quinta edición, Editorial Clie, Viladecavalls 2016.

Depósito Legal: B-10064-2016
ISBN: 978-84-944955-8-8

Impreso en USA / *Printed in USA*

Clasifíquese:
REL109000
Ministerios cristianos
General
Referencia: 224985

Juan Antonio Monroy Martínez ha escrito gran número de libros, alguno de los cuales ha sido traducido al inglés, portugués y francés. Ha viajado por 54 países del mundo y es ciudadano honorario de Texas, Oklahoma y de la ciudad de Houston. Doctor Honoris Causa por el Defender Theological Seminary de Puerto Rico, así como por la Universidad Pepperdine de Los Angeles (California) y un Award en Comunicación por la Universidad de Abilene (Texas). Ha escrito y publicado más de tres mil artículos recogidos en distintos volúmenes. Habla francés, inglés y árabe, además del español.

Su obra escrita es básicamente periodística, apologética y de ensayo. Cervantista, erudito, sus obras están cuajadas de referencias a autores seculares y religiosos. Prosista admirable escribe con la elegancia y frescura de uno de los mejores literatos de la lengua castellana. Siempre alerta al fenómeno cultural y religioso, es uno de los estudiosos más agudos del catolicismo actual en su relación al protestantismo. Teísta convencido, concede un lugar principal a las pruebas racionales de la existencia de Dios y de las doctrinas cristianas. Conferenciante y evangelista internacional.

SUMARIO

Segunda Parte - Don Quijote en Barcelona

PRÓLOGO A ESTA EDICIÓN

La monumental Enciclopedia cervantina, en su artículo dedicado al tema de la Biblia en el Quijote, el profesor Eustaquio Sánchez Salor, niega que Cervantes citara la Biblia. "Topar con la Biblia —argumenta— es topar con la Iglesia. De manera que no es extraño que Cervantes trate de evitar hablar y citar a la Biblia, ya que era una cuestión de profundo calado teológico en la época"[1]. Una atrevida afirmación que pone manifiesto el desconocimiento que hay al respecto, y la escasa importancia que en nuestro país se da a un tema como este, pese a los cientos de estudios dedicados a la obra cervantina.

Que Cervantes leía y citaba la Biblia en sus escritos es un hecho innegable. En su voluminosa y documentada biografía de nuestro genial escritor, Krzysztof Sliwa, profesor de literatura en la Fayetteville State University (Carolina del Norte), asegura sin lugar a dudas que "a ciencia cierta, Cervantes leía la Biblia, la conocía irreprochablemente y aludía a sus citas a lo largo de sus obras"[2]. Y a continuación cita algunos ejemplos notorios. Cervantes llama a la Biblia "divina escritura", "palabra del mismo Dios", "consejos de la divina escritura", "letras divinas "(Don Quijote I, 37). Las citas explícitas de la Biblia en la versión latina de la Vulgata son frecuentes en el Quijote[3].

En los primeros años de 1960, el autor de este libro, Juan Antonio Monroy, dio a luz la primera edición de esta obra, una obra original y atrevida en su día, donde demuestra que Cervantes leyó y asimiló la Biblia en profundidad, como se deja ver en las más de 300 citas y referencias del libro sagrado en ambas partes del Quijote, que el autor se encarga de documentar.

---

1. Eustaquio Sánchez Salor, "Biblia", en Carlos Alvar, dir., Gran Enciclopedia Cervantina, vol. II, p. 1317. Editorial Castalia, Madrid 2006.
2. Krzysztof Sliwa, Vida de Miguel de Cervantes Saavedra, p. 228. Edition Reichenberger, Kassel 2005.
3. C. Bañeza Román, "Citas bíblicas literales de Cervantes en castellano", en Anales Cervantinos, 33 (1995-1997) pp. 61-83; Id., "Citas bíblicas en latín", en Anales Cervantinos, 31 (1993), pp. 39-50; J. M. Melero Martínez, "El Quijote y la Biblia", en Ensayos: Revista de la Facultad de Educación de Albacete, 20 (2005), pp. 155-166.

Del Quijote se han dicho muchas cosas, en toda época ha llamado la atención de historiadores, filósofos, literatos, religiosos, psicólogos y un largo etcétera que justifica la afirmación que "El Quijote es la Biblia española"[4]. Para Américo Castro, es "una forma secularizada de espiritualidad religiosa"[5]. Por el contrario, para Mariano Delgado, decano de la Facultad de Teología de Friburgo (Suiza), El Quijote es la defensa de un cristianismo místico-mesiánico[6].

Sea como fuere, lo cierto es que El Quijote no deja de despertar interés a lo largo del tiempo y que a nadie deja indiferente. Por ese motivo, aprovechando el cuarto centenario de la muerte de su autor, y como una contribución modesta, pero esencial al mismo, lanzamos al mercado una nueva edición de la *Biblia y el Quijote*, en la que esa "Biblia de la literatura universal" que es el Quijote, se ilumina con la Biblia cristiana, de donde Cervantes extrae la idea de justicia y libertad tan humana y tan divina.

Alfonso Ropero Berzosa
En un lugar de La Mancha, Tomelloso 25 de Febrero de 2016

---

4. José Luis Abellán, en Álvaro Armero, Visiones del Quijote, p. 130 (Editorial Renacimiento, Sevilla 2005); Id., Los secretos de Cervantes y el exilio de don Quijote, p. 115 (Centro Estudios Cervantinos, Madrid 2006).
5. A. Castro, El pensamiento de Cervantes, p. 16. Revista de Filología Española, Madrid, 1925, 2 ed.
6. "El Quijote es el relato ameno de las aventuras de un caballero andante que defiende los ideales místico-mesiánicos de verdad, libertad, justicia y sobre todo misericordia o compasión en un mundo que, como el nuestro, parece ir por otros derroteros [...] La lectura del Quijote despierta en nosotros los mejores y más nobles sentimientos, también en el campo religioso: pasión por la verdad, la libertad, la justicia y la misericordia, así como por el socorro y alivio de los menesterosos y afligidos de toda clase". M. Delgado, "El cristianismo místico y mesiánico del Quijote", en Anuario de Historia de la Iglesia, 15 (2006), p. 233.

PRÓLOGO AL IV CENTENARIO DE LA PUBLICACIÓN DE *EL QUIJOTE*

Cuatrocientos años lleva el caballero de la Triste Figura, el inmortal Don Quijote de la Mancha recorriendo los caminos del mundo siempre acompañado de su fiel Sancho, empeñados ambos en un diálogo incesante sin búsqueda de acuerdo necesario.

El Quijote es un libro universal y países de todo el mundo se unen para celebrar con regocijo el IV Centenario de su publicación.

Se quejaba Byron de que Cervantes arrojara el sarcasmo y la burla sobre las virtudes caballerescas de su tiempo. Erraba el Lord inglés. No hay en Cervantes burla grosera. Su humor es fino, acerado, culto, delicado, elegante, como lo entendió Víctor Hugo.

Hace cuatro siglos un Don Quijote cautivo del ideal proporcionó al mundo una imagen de libertad que ha fascinado a grandes pensadores y ha prendido en el pueblo llano. Hasta un cascarrabias como Nabokov, olvidándose de su *Lolita,* se ha rendido a la grandeza del Quijote.

Andrés Trapiello, en una novela reciente inspirada en la de Cervantes, confiesa: «Releo el Quijote todos los años y siempre me resulta completamente nuevo». Éste es, exactamente, mi caso. Desde que leí por vez primera la fábula cervantina, lectura que me llevó a escribir el libro *LA BIBLIA EN EL QUIJOTE,* no me cansan las aventuras del caballero y su escudero.

Martín de Riquer felicita a quien no haya leído el Quijote porque aún le queda el placer de leerlo. Rosa Navarro dice que la gente debería leer a Cervantes en vez de tomar prozac y antidepresivos. Los biógrafos de Faulkner afirman que el premio Nobel norteamericano leía el Quijote todos los años como algunas personas leen la Biblia.

El mejor homenaje que se le puede tributar al Quijote en los cuatrocientos años de su primera edición es leerlo, releerlo, regalarlo para que otros lo lean. Porque el Quijote, como lo vio Díaz de Benjumea, es verdadera fábrica y monumento que descuella en la literatura española, de suyo rica y majestuosa.

A mediados de los años 60, residiendo yo en Tánger, Marruecos, se me pidió que ofreciera una conferencia sobre la Biblia en el Quijote. Por aquel entonces mis conocimientos de la novela de Cervantes eran escasos. Pero pergueñando una cita de aquí y otra de allá salí airoso. El tema me cautivó y emprendí un estudio más profundo, cuyo resultado fue un libro de 178 páginas que en 1963 publicó en Madrid la Editorial Victoriano Suárez. La que yo creía una obra modesta fue muy bien recibida por críticos de prensa.

Para las citas del Quijote seguí la edición preparada por Martín de Riquer para Editorial Juventud, de Barcelona. En cuanto a la Biblia, me serví con preferencia de la versión Nácar-Colunga.

Este trabajo, excepto el prólogo, cuyo contenido queda aquí sintetizado, figura íntegro en la presente obra.

Uniéndome a los escritos que se vienen publicando y se publicarán a lo largo de este año con motivo del cuarto centenario, he redactado cinco nuevos capítulos. Tratan de la relación de Cervantes con Barcelona y de la tercera salida de Don Quijote: su paso por tierras de Aragón, ruta que siguió camino de Cataluña, las muchas aventuras que protagonizó en Barcelona, que culminaron en una derrota humillante, su regreso a la aldea y su muerte.

A propósito de la aldea. El mismo día que redacto estas líneas leo que un grupo de profesores de la Universidad Complutense, en Madrid, ha llevado a cabo un estudio aplicando métodos científicos y, como resultado del mismo, concluyen que el anónimo «lugar de la Mancha» al que se refiere Cervantes es la localidad de Villanueva de los Infantes, en Ciudad Real. ¿Lo aceptamos o dejamos que el acertijo siga poniendo a prueba el ingenio de los lectores?

Después de todo, qué más da: Villanueva, Argamansilla, el Toboso o Tumbuctú. Don Quijote nació. Don Quijote existió.

Redentor de nuestros ideales, salvador de nuestras locuras, sufrió una vida de dolor para que nosotros podamos gozar otra de alegría recreándonos en sus hazañas.

«Del estercolero surgieron las amapolas».

Juan Antonio Monroy

PRIMERA PARTE

EL QUIJOTE Y LA BIBLIA

SECCIÓN PRIMERA
de
EL QUIJOTE Y LA BIBLIA

Capítulo I

CERVANTES Y LA BIBLIA

Los estudios que se han llevado a cabo para determinar la cultura de Cervantes han dado lugar a posturas extremas y a conclusiones contradictorias. Tamayo de Vargas llamó a Cervantes «ingenio lego» y, por otro lado, José María Sarbi lo calificó de «teólogo». Para defender sus respectivos puntos de vista, ambos escritores se enzarzaron en polémicas interminables con todos aquellos que ponían en duda sus opiniones.

Ni lo uno ni lo otro. Ni fue Cervantes un simple lego ni tampoco fue un gran teólogo, aun cuando muestra gran afición por esta rama del saber y llama a la teología la reina de las ciencias. Se dice que la virtud está en el término medio; pero si nos obligaran a tomar partido por una de las dos suposiciones, nos inclinaríamos por la segunda, pues toda la obra de Cervantes refleja con claros destellos las preocupaciones de nuestro escritor por los grandes temas relacionados con el más allá y con nuestra conducta moral y religiosa en esta vida.

Don Marcelino Menéndez y Pelayo tomó cartas en esta debatida cuestión y llegó a escribir con mucho acierto: «Pudo Cervantes no cursar escuelas universitarias, y todo induce a creer que así fue... Pudo descuidar en los azares de su vida, tan tormentosa y atormentada, la letra de sus primeros estudios clásicos y equivocarse tal vez cuando citaba de memoria; pero el espíritu de la antigüedad había penetrado en lo más hondo de su alma».[1]

---

1. Menéndez y Pelayo. *Estudios y Discursos de Crítica Histórica y Literaria*. Tomo I, pp. 327-328.

¿Qué se ha de entender por este «espíritu de la antigüedad»? Indudablemente, el conocimiento de esa rica sabiduría contenida en la literatura clásica. Cervantes supo asimilar perfectamente este tesoro y las verdades antiguas penetraron en el alma de nuestro autor en el curso de sus continuas y variadas lecturas. «Que Cervantes fue hombre de mucha lectura –apunta de nuevo don Marcelino–, no podrá negarlo quien haya tenido trato familiar con sus obras.» Entre la lectura de tantos y tantos libros sobre los más variados temas Cervantes no descuidó la meditación atenta del Libro de los libros: la Biblia.

Esto se advierte en cuanto nos ponemos en contacto con los escritos cervantinos. Rodríguez Marín, entre otros destacados cervantistas, ha puesto de resalto el considerable número de citas, alusiones y huellas de la Biblia que figuran en la producción cervantina. Unas veces se trata de citas explícitas, otras de alusiones veladas; en ocasiones cita a este o aquel personaje bíblico o se refiere a él sin nombrarlo. Todo esto demuestra que Cervantes era lector asiduo del Viejo y del Nuevo Testamento. Y no lector descuidado ni superficial, sino saboteador de las sagradas letras. Las lecciones divinas se hallaban bien encarnadas en su humanidad. Los textos de Mateo, Marcos, Lucas, Juan y de Pablo acudían a su pluma con relativa facilidad, unas veces de propio intento, otras sin pretenderlo. Los Salmos de David y los Proverbios de Salomón se hallaban tan impresos en su mente, que a cada paso se encuentra uno con huellas y reminiscencias de los mismos en los escritos cervantinos.

Pero no queda ahí su conocimiento de la Biblia. Cervantes no se limitó a curiosear por los jardines de la poesía bíblica, ni se contentó con pasear su mirada por los senderos agradables y fácilmente digeribles, en cuanto a literatura de los dichos del Señor y de las narraciones de sus apóstoles. Llegó más lejos en su meditación de las Escrituras, con su escrutadora mirada por los intrincados caminos del Antiguo Testamento y se introdujo por los laberintos de las leyes y prohibiciones mosaicas, penetrándolo todo en su avidez de conocimientos bíblicos, escudriñándolo todo.

En *Los trabajos de Persiles y Segismunda* alude a uno de los libros menos leído del Antiguo Testamento, al Levítico, lo que prueba que le era conocido: «En verdad, señora –responde Mauricio a Constanza–, que no estuviera enseñado en la verdad católica y me acordara de lo que dice Dios en el Levítico: "No seáis agoreros ni deis crédito a los sueños, porque no a todos es dado el entenderlos"».[2]

Pero donde Cervantes hace verdadera gala de sus conocimientos bíblicos es en *El Ingenioso hidalgo Don Quijote de la Mancha*. En el escrutinio de la biblioteca del caballero manchego, que para la señora condesa de Pardo Bazán es, entre otras cosas, «una clasificación perfecta de la literatura de ese período, que va de la lírica a la épica, desde el Amadís a la Araucana»,[3] no figura la Biblia, tampoco Don Quijote la cita más de cinco o seis veces en el curso de sus andanzas por las páginas sublimes de la ficción. Sin embargo, Don Quijote piensa con la Biblia, la Biblia forma parte de su propia sustancia, y tanto él como los demás personajes de la novela, entremezclan en sus discursos, sin llegárselo a proponer, frases enteras o simples ideas que proceden de las Escrituras.

La abundancia de huellas bíblicas en el Quijote queda bien patente en el estudio que forma la segunda parte de este libro. Y, como advertimos en el prólogo, creemos que estos pasajes podrían aumentarse si lleváramos a cabo nuevas exploraciones en el texto cervantino. La influencia de la Biblia en nuestro genial escritor y los grandes conocimientos que de ella tenía, según se desprende de la lectura del Quijote, es mucho más importante de lo que a simple vista parece. Aunque en esto, como en otras muchas cosas, «el famoso Todo», según lo llamó Astrana Marín, guardara una discreta reserva, no haciendo jamás gala de estos conocimientos con frecuentes citas bíblicas, a la manera de otros escritores contemporáneos.

En el prólogo a la primera parte del Quijote, estando nuestro hombre «con el papel delante, la pluma en la oreja, el codo en el bufete y la mano en la mejilla, pensando lo que diría», entró un amigo suyo a quien comunicó su preocupación por la escasez de citas y sentencias famosas con que adornar su obra. El amigo, «gracioso y bien entendido», entre otros aprovechables consejos, le dio éste: «En lo que toca al poner acotaciones al fin del libro, seguramente lo podéis hacer desta manera: si nombráis algún gigante en vuestro libro, hacedle que sea el gigante Golías, y con solo esto, que os costará casi nada, tenéis una

---

2. *Persiles y Segismunda*. Libro I, cap. XVIII, p. 1701 de sus *Obras Completas*.
3. Citado por María Antonia Sanz Cuadrado en *Doce Opiniones sobre el Quijote*, *Cuadernos de Literatura*, marzo-junio 1948, p. 288.

grande anotación, pues podéis poner: el gigante Golías, o Goliat, fue un filisteo a quien el pastor David mató de una gran pedrada en el valle Terebinto, según se cuenta en el libro de los Reyes, en el capítulo que vos halláredes que se escribe».

Por esta cita pudiera colegirse que los conocimientos bíblicos de Cervantes eran mezquinos, pues ni señala el capítulo y versículos donde se encuentra la historia de Goliat, ni siquiera está seguro de cómo se ha de escribir el nombre del gigante. Pero esta aparente pobreza de conocimientos bíblicos se halla intencionadamente disfrazada. No muestra en absoluto la riqueza de su pensamiento. Sabido es que en este prólogo Cervantes se burla muy finamente de aquellos autores que atiborran sus obras con citas y anotaciones farragosas en los márgenes. Por el contrario: el lenguaje bíblico en toda esta parte del prólogo es clarísimo, como lo es en otros lugares de la novela.

En el capítulo XXVII de la segunda parte, en el discurso que Don Quijote pronunció para hacer desistir de sus pendencias a los del pueblo de los rebuznadores, hay un pasaje donde, sin mencionar a ninguno de ellos, concurren citas de San Mateo, San Juan y San Pablo, maravillosamente enlazadas para formar una amonestación bíblica que no mejorarían nuestros escrituristas contemporáneos: «A estas cinco causas, como capitales, se pueden agregar algunas otras que sean justas y razonables y que obliguen a tomar las armas; pero tomarlas por niñerías y por cosas que antes son de risa y pasatiempo que de afrenta, parece que quien las toma carece de todo razonable discurso; cuanto más que el tomar venganza injusta, que justa no puede haber alguna que lo sea, va derechamente contra la santa ley que profiramos, en la cual se nos manda que hagamos bien a nuestros enemigos y que amemos a los que nos aborrecen, mandamiento que, aunque parece algo dificultoso de cumplir, no lo es sino para aquellos que tienen menos de Dios que del mundo, y más de carne que de espíritu; porque Jesucristo, Dios y hombre verdadero, que nunca mintió, ni pudo ni puede mentir, siendo legislador nuestro, dijo que su yugo era suave y su carga liviana; y así no nos había de mandar cosa que fuese imposible el cumplirla. Así que, mis señores, vuesas mercedes están obligados por leyes divinas y humanas a sosegarse».

Tanto impresionó este lenguaje al bueno de Sancho, que exclama entre sorprendido y admirado: «El diablo me lleve si este mi amo no es teólogo; y si no lo es, que lo parece como un güevo a otro».

Otro pasaje del Quijote donde se manifiesta ampliamente el espíritu religioso y bíblico de Cervantes, es en su disertación sobre la brevedad, vanidad y fragilidad de la vida humana, que con suma elegancia pone en boca de Cide Hamete, «filósofo mahomético»: «Pensar que en esta vida las cosas dellas han de durar siempre en un estado, es pensar en lo escusado; antes parece que ella anda todo en redondo; digo, a la redonda: la primavera sigue al verano, el verano al estío, el estío al otoño, y el otoño al invierno, y el invierno a la primavera, y así torna a andarse el tiempo con esta rueda continua; sola la vida humana corre a su fin ligera más que el tiempo, sin esperar renovarse si no es en la otra, que no tiene términos que la limiten. Esto lo dice Cide Hamete, filósofo mahomético; porque esto de entender la ligereza e inestabilidad de la vida presente y la duración de la eterna que se espera, muchos sin lumbre de fe, sino con la luz natural, lo han entendido; pero aquí nuestro autor lo dice por la presteza con que se acabó, se consumió, se deshizo, se fue como en sombra y humo el gobierno de Sancho» (*Don Quijote*, II, LIII).

El señor Clemencín critica un tanto desfavorablemente la redacción de este pasaje diciendo que «no se concibe cómo la vida pueda correr más ni menos ligera que el tiempo»; y yo no concibo por qué el genial comentarista arremete contra las figuras empleadas por Cervantes, cuando tantos precedentes tenemos del uso de imágenes semejantes en la Biblia y fuera de ella.

Escritores de todos los tiempos han usado de comparaciones y metáforas parecidas a las que emplea Cervantes cuando han querido hablarnos de la brevedad de nuestra vida. La «comparó Homero a las hojas de un árbol, que, cuando mucho, duran un Verano. Y pareciéndole mucho a Eurípides, dijo que la felicidad humana bastaba que tuviese nombre de un día. Mas juzgando esto por sobrado, dijo Demetrio Falereo que le bastaba llamarse no hora, sino momento. Platón tuvo por demasía darle algún ser, y así se lo quitó, diciendo que era sueño de despierto. Y teniendo esto por mucho San Juan

Crisóstomo, lo corrigió, diciendo que era no sueño de gente despierta, sino de dormida».[4]

Los escritores bíblicos usan, asimismo, de estas metáforas: Job dice que «son una sombra nuestros días sobre la tierra» (8:9), y agrega: «Mis días corrieron más rápidos que la lanzadera» (7:6). David dijo en uno de sus Salmos: «Se desvanecen como humo mis días» (102:4). Y en otro: «Has reducido a un palmo mis días, y mi existencia delante de ti es la nada; no dura más que un soplo todo hombre» (39:6). En el único salmo que lleva su nombre, Moisés emplea cuatro bellas imágenes para ilustrar la brevedad de la vida. Dice que nuestros años son «como una vigilia de la noche», «como sueño mañanero», «como hierba verde» y «como un suspiro» (Salmos 90:1-9). Y, en fin, el profeta Isaías, por no dar más citas concluye que «toda carne es como hierba, y toda su gloria como flor del campo» (40:16).

¿A qué viene, pues, la censura del señor Clemencín? Nadie puede pretender que se haya de leer literalmente lo que en sentido metafórico escribió nuestro Miguel de Cervantes. Todas las figuras que se emplean en el pasaje referido fueron tomadas de la Biblia, y en el libro de Dios se usan como simples metáforas.

En el encuentro con aquellos que llevaban a su aldea las imágenes de los Santos (*Quijote*, II, LVIII), Cervantes habla de San Pablo en términos que demuestran su perfecto conocimiento de las Epístolas a los Corintios. También en la carta que Don Quijote escribe a Sancho Panza, gobernador de la Ínsula la Barataria (*Quijote*, II, LI), puede advertirse el lenguaje bíblico que domina la misma, con huellas de los Salmos, de Job y del libro de los Proverbios.

Es en el Quijote, ciertamente, donde abundan con más profusión las citas, referencias y reminiscencias bíblicas. Pero en el resto de la obra cervantina se advierte, aunque en menores proporciones, idéntica influencia. Sería interesante hacer y publicar un estudio completo donde se mostrara la influencia de las Sagradas Escrituras en toda la producción literaria de Cervantes. El investigador descubriría, con singular placer, hasta qué punto el espíritu sensible de Cervantes se hallaba influenciado por la palabra de Dios y cómo deja huellas

---

4. Juan E. Nieremberg. *Diferencia entre lo Temporal y lo Eterno*. Buenos Aires 1945, p. 59.

profundas de esta influencia en sus comedias y entremeses, en sus novelas ejemplares y en su poesía, en todos sus escritos, tanto en prosa como en verso.

El ya citado franciscano Teófilo Antolín dice a este respecto: «Desde la grave y ungida doctrina de la misericordia de Dios en la conversión de los pecadores (*El rufián dichoso*, jorn. 2ª), con la frecuente alusión a la parábola de la oveja descarriada en varios otros lugares, hasta ciertas escenas bíblicas descritas en *El retablo de las maravillas*, o hasta ciertas salidas de tono en *El Licenciado Vidriera*, Cervantes recorre una variadísima gama de colores y tonalidades que en su conjunto forman un cuadro de ambiente sereno y claro, con el que se funden bien el profundo respeto y el alto concepto que nuestro autor tenía de la Sagrada Biblia».

Por cerrar este capítulo con una poesía y para dar al mismo tiempo una muestra de la influencia de la Biblia en la lírica de Cervantes, transcribimos aquí los consejos en verso con que el mismo Cervantes trata de persuadir a Pedro para que éste no niegue la fe de Cristo. El pasaje escogido pertenece a la comedia *El trato de Argel*, y en él puede advertir el lector frases enteras y referencias tomadas de los cuatro evangelios y de las epístolas de Pablo a los Romanos y a los Gálatas:

«¿No sabes tú que el mismo Cristo dice:
"Aquel que me negare ante los hombres,
de mí será negado ante mi Padre;
y el que ante ellos a mí me confesare,
será de mí ayudado ante el Eterno
Padre mío"? ¿Es prueba ésta bastante
que te convenza y desengañe, amigo,
del engaño en que estás en ser cristiano
con solo el corazón, como tú dices?
Y ¿no sabes también que aquel arrimo
con que el cristiano se levanta al cielo
es la cruz y pasión de Jesucristo,
en cuya muerte nuestra vida vive,
y que el remedio, para que aproveche
a nuestras almas el tesoro inmenso

de su vertida sangre por bien nuestro,
depositado está en la penitencia,
la cual tiene tres partes esenciales,
que la hacen perfecta y acabada
confesión de la boca, la segunda;
satisfacción de obras, la tercera?».

Capítulo II

OPINIÓN DE CERVANTES SOBRE LA BIBLIA

Bien demostrado queda en este estudio el conocimiento que Cervantes tenía de la Biblia. Pero conocimiento no es simpatía, ni respeto, ni amor. ¿Amaba Cervantes los escritos sagrados, que tan bien conocía? ¿Qué conceptos le merecían?

A través de su novela insigne, el gran escritor se muestra extraordinariamente familiarizado con los libros de caballerías, y hace gala de estos conocimientos en el escrutinio de la biblioteca del Ingenioso Hidalgo. No obstante, toda su novela, en su pura concepción literal, no es otra cosa que una fina burla y una sátira contra estos libros. Ridiculiza a los caballeros andantes que en el mundo han sido, y cuando el loco se vuelve cuerdo, cuando Don Quijote recobra el juicio, reniega de sus lecturas caballerescas y exclama con gran alegría: «Ya soy enemigo de Amadís de Gaula y de toda la infinita caterva de su linaje; ya me son odiosas todas las historias profanas del andante caballería; ya conozco mi necesidad y el peligro en que me pusieron haberlas leído» (*Quijote*, II, LXXIV).

¿Ocurrirá otro tanto con la Biblia? Que Cervantes la conocía y que la conocía bien, no hay duda alguna. Pero, ¿qué opinión tenía de ella? El que conozcamos al dedillo una obra determinada no quiere decir que esa obra nos cause respeto ni amor. A veces, por imperativos del tema que tratamos, citamos textos con los cuales no estamos en absoluto de acuerdo, pero que literariamente «visten bien».

A Cervantes se le ha reprochado su falta de sinceridad cuando trata de religión. Ortega y Gasset, primero, y más tarde Américo Castro, fueron los primeros en hablar de la hipocresía de Cervantes, teoría que hicieron suya y ampliaron otros autores españoles y extranjeros, como Paul Hazard en su *Etude et analyse de Don Quichote de Cervantes*. Américo Castro llegó a escribir que «Cervantes es un hábil hipócrita, y ha de ser leído e interpretado con suma reserva en asuntos que afecten a la religión y a la moral oficiales».[5] Desmintieron categóricamente esta tesis, cervantistas de primera fila, contestando Luis Astrana Marín que «ni en su vida ni en su obra se descubre la menor hipocresía en Cervantes».[6]

Estas contradictorias interpretaciones motivan el que andemos con pies de plomo cuando tratamos de probar la sinceridad de Cervantes hacia la Biblia. La cita continuamente en sus escritos o se refiere a ella sin citarla, pero ¿cree en la Biblia? ¿Qué representa el libro divino para el escritor humano? Cuando Cervantes escribía aún no había invadido Europa esa ola de enciclopedistas y racionalistas, principalmente franceses y alemanes, que, usando de argumentos pueriles, teniendo en cuenta la clase de obra que trataban de desprestigiar, hacían mofa de la verdad y de la inspiración divina de la Biblia. En la época de nuestro escritor los estudios bíblicos no habían alcanzado el auge que hoy día tienen, es cierto, pero las Sagradas Escrituras eran un libro muy estimado, tanto por doctos como por indoctos. Que Cervantes participó de esa estimación general, más aún, que llegó a amar entrañablemente las páginas que tantas buenas ideas y sentimientos nobles le inspiraron, se desprende de verdaderas declaraciones al respecto contenidas en el Quijote. Nunca, en toda su obra, Cervantes se permite hablar de la Biblia en tono jocoso, como lo hace con otros libros y, en especial, con los de caballerías.

La declaración fundamental sobre la Biblia, lo que más importa conocer de ella, es su divinidad. Podemos conceptuarla como el mejor de los libros que se haya escrito jamás, y podemos decir que su historia es única. Podemos adornarla con cuantos adjetivos disponga la hu-

5. Américo Castro. *El pensamiento de Cervantes.* Madrid 1925, p. 254.
6. Luis Astrana Marín. *Estudio crítico a la edición IV Centenario del Quijote.* Ediciones Castilla, Madrid, p. 40.

mana literatura para ensalzar el valor de una obra y podemos proclamar a los cuatro vientos su carácter moralizante; pero si le quitamos su inspiración, si le negamos su origen divino, la estaremos colocando al mismo nivel que las leyes de Manú o los escritos de los Vedas. Si la Biblia no es palabra de Dios, no nos interesa. Escritos humanos sobran y de palabras terrenas estamos más que cansados. Cuando nos acerquemos a la Biblia hemos de reconocer, ante todo, su divinidad; solamente entonces podemos continuar estudiándola en sus otros aspectos.

Y éste es el orden que, precisamente, sigue Cervantes. En el prólogo a la primera parte del Quijote llama a la Biblia por tres veces «Divina Escritura», repitiendo el mismo calificativo en otras partes de su novela. Y esto no lo hace a tientas y a ciegas. El Padre Antolín dice que «el epíteto de divina aplicado a la Sagrada Escritura no es en Cervantes un calificativo cualquiera ni tiene fuerza de simple superlativo, y es llamada así no solo por su contenido doctrinal en relación con el fin sobrenatural del hombre, sino muy particular y específicamente por la razón de que su autor Principal es el mismo Dios».[7]

Cuando Cervantes reconoce la Sagrada Escritura como divina la está reconociendo como revelación escrita de Dios. Muchas y muy diferentes son las maneras que Dios tiene de darse a conocer al hombre, pero creemos que, después de la revelación de sí mismo en la persona de su Hijo, la más principal e importante es la Biblia. Su revelación escrita. En la Biblia Dios se nos da a conocer de una forma sencilla y admirable, sin vanos discursos en su tarjeta de presentación, sin decirnos de dónde viene ni dónde existía antes que los mundos fuesen. Con un contundente: «En el principio… Dios…», el autor inspirado nos introduce en el conocimiento de ese Ser personal, Infinito, Increado, Todopoderoso, Todosuficiente; de esa Mente Universal. Lo hace sin rodeos, sin preámbulos. ¿Para qué? Es suficiente con que Dios exista. Lo demás no nos importa. A la fe no interesa para nada el saber desde cuándo existe, ni por qué existe, ni hasta cuándo ha de existir. Inmediatamente Dios entra en nuestra historia, nos pone en conocimiento de verdades que nos incumben, elevando nuestra

---

7. Teófilo Antolín, O.F.M., artículo citado.

alma hacia lo sobrenatural y eterno, tratando de hacernos comprender de mil maneras distintas, la grandeza de su amor.

Y todo eso lo hace Dios sirviéndose de instrumentos humanos, quienes, bajo la inspiración del Santo Espíritu, van transmitiéndonos fielmente los mensajes de Dios, según lo van percibiendo ellos mismos en lo más íntimo de su naturaleza espiritual. En el curso de este proceso, Dios no anula la personalidad humana del escritor sagrado, pero tampoco se sirve de ella. Sin ser un autómata, éste escribe independiente de su voluntad y contra ella en ocasiones, impulsado desde dentro por una fuerza misteriosa, superior en potencia a sus propias determinaciones. Así nos lo enseña el apóstol Pedro. Hablando de los escritos del Antiguo Testamento, dice que «ala profecía no ha sido en los tiempos pasados proferida por humana voluntad, antes bien, movidos del Espíritu Santo, hablaron con hombres de Dios» (2ª Pedro 1:20).

Cuando ya ha reconocido su inspiración, Cervantes pasa a hablarnos de la verdad en la Biblia. Yendo Don Quijote «encantado» en la carreta de bueyes, el canónigo de Toledo entra en discusión con él, reprochándole la pérdida de tiempo en lecturas que para nada aprovechan y aconsejándole «otra lectura; que redunde en aprovechamiento del alma y en aumento de su honra». Y agrega el eclesiástico: «Y, si todavía llevado de su natural inclinación, quisiere leer libros de hazañas y de caballerías, lea en la Sacra Escritura el Libro de los Jueces, que allí hallará verdades grandiosas y hechos tan verdaderos como valientes» (*Quijote*, I; XLIX).

Ésa es la opinión que merece la Biblia a Cervantes. Todos los hechos que en ella se describen son verdaderos, rigurosamente auténticos. Todas las verdades de la Biblia son grandiosas, en virtud de la grandiosidad de su Autor y de los temas que abarca. Cervantes no se detuvo en preguntar de dónde salió la mujer de Caín, ni se torturó la mente con la llevada y traída cuestión de si fue antes el mal o el malhechor, ni hizo burla de la historia que narra la conversión de una mujer en estatua de sal, ni se sumergió en un diluvio de cavilaciones para explicarse la historia del diluvio universal. Para Cervantes, todo cuanto la Biblia dice es verdad, y en esta verdad descansaba su fe y su conciencia religiosa.

Joaquín Casalduero trata de presentarnos a un Cervantes acomodaticio, indiferente, sin inquietudes espirituales, poco menos que escéptico. Dice que Cervantes «no expresa la lucha entre el alma y el espíritu, entre la virtud y el vicio», y agrega que «su sentir religioso adopta la forma de un sentimiento histórico-cultural».[8]

Lejos de eso, Cervantes fue un hombre de firmes convicciones religiosas. Nadie puede dudar de ello despues de leer sus obras y profundizar en ellas. Que estas convicciones se inclinaran más hacia unas formas que a otras de Cristianismo es otra cosa, y bastante se ha discutido ya y se seguirá discutiendo. Pero que Cervantes creía y creía de verdad, no hay duda alguna. Y precisamente porque cree, no lucha. Esa lucha espiritual que atormentó los días de mi admirado Unamuno no se dio en Cervantes. Unamuno conocía bien la Biblia, tan bien o mejor de lo que pudo conocerla Cervantes; pero no le bastaba su revelación ni se conformaba con su contenido. Seguía luchando, luchando contra su propio «yo», luchando «contra esto y aquello», para encontrar no sabía qué, y si lo sabía, nunca nos lo quiso decir; se lo llevó con él al sepulcro. Aunque para mí tengo que luchaba por encontrarse a sí mismo.

Cervantes cree. Y no cree por tradición, por acomodarse a la Historia, ni cree por una necesidad intelectual, ni concibe la religión como un movimiento cultural. Cree como debe creerse, sintiendo a Dios en la experiencia diaria, «sufriendo a Dios», abriendo el corazón a la llamada divina, inflamando su alma del fuego de arriba. La Biblia es para él la verdad grandiosa y verdaderos son también los hechos que describe. No podía ser de otra forma siendo Dios su autor. Y para que no quede duda alguna sobre este punto, dice en el primer capítulo de la segunda parte del Quijote que «la Santa Biblia... no puede faltar un átomo en la verdad».

Al hablar de verdad en la Biblia nos estamos refiriendo a los grandes principios doctrinales que encierra y a los hechos verídicos de la Historia Sagrada; la exactitud o inexactitud de ciertos datos y fechas no añaden ni quitan nada a esta verdad. En muchas ocasiones la verdad espiritual es completamente independiente de la exactitud

---

8. Joaquín Casalduero, *La composición del Quijote*, en *Cuadernos de Ínsula*, número 5 de 1947, p. 49.

histórica. La verdad es ley suprema y, por lo mismo, ajena a la cuestión de nombres y fechas. La verdad es el mismo Cristo en su encarnación.

La misión principal de la Biblia, en cuanto a verdad, la reconoce y nos la declara el mismo Cervantes. En su mil veces citado y comentado discurso de las armas y las letras, dice que las letras divinas «tienen por blanco llevar y encaminar las almas al cielo, que a un fin tal sin fin, como éste ninguno otro se le puede igualar» (*Quijote*, I, XXXVII).

Llámesele hipócrita si se quiere; dígase de él que sus sentimientos religiosos no pasan los límites de la superficialidad. Pero lo verdaderamente cierto es que Cervantes, en su Quijote, nos va guiando de la mano por esas agradables y majestuosas dependencias del palacio bíblico, hasta introducirnos en la sala del trono. Con su voz armoniosa y grave, nos va explicando el origen divino e inspirado de los libros sagrados; continúa hablándonos de su exactitud, de su fidelidad histórica, de su verdad incontrovertible, y luego, para que todo no quede en explicaciones, para que el fin práctico tome el lugar de la teoría, nos declara el objeto de Dios al enviarnos esos libros, el divino cometido que el Creador les tiene asignado: encaminar al cielo nuestras almas y hacer la paz entre el hombre y Dios, restaurar nuestra imagen caída a su propia imagen y semejanza, devolvernos en Cristo la paz y felicidad que perdimos en Adán.

Cervantes sabe muy bien el valor que tiene la Biblia. Conoce su origen y percibe claramente su misión. De ahí la diferencia de cuantos libros existen, evitando cuidadosamente mezclar «lo humano con lo divino». Los libros compuestos por los autores de carne y hueso van todos dirigidos a nuestra mente, a nuestro intelecto; pocos logran pasar de ahí. En cambio la Biblia nos habla al corazón, penetrando en nuestros sentimientos y despertando nuestras afecciones. Por eso la Biblia no es un libro más.

Es El Libro, el libro por excelencia, del cual escribió Gabriela Mistral: "Nunca me fatigaste como los poemas de los hombres. Siempre me eres fresco, recién conocido, como la hierba de julio, y tu sinceridad es la única en que no hallo cualquier día pliegue, mancha disimulada de mentira. Tu desnudez asusta a los hipócritas y tu pureza es odiosa a los libertinos, y yo te amo todo, desde el nardo de la parábola hasta el adjetivo crudo de los Números».[9]

No. No basta con decir que Cervantes conoció los textos sagrados. Esto es decir muy poco. Los amó, se identificó con ellos. De ellos aprendió a obrar caritativamente con sus compañeros de cautiverio; de ellos recibió la fuerza y el aliento para tratar de romper la esclavitud y librar también a otros; ellos le enseñaron a perdonar las delaciones y las traiciones; ellos le consolaron en el curso de su existencia miserable; ellos, en fin, le enseñaron a contentarse con lo que tenía, aunque lo que tenía era muy poco. Y «puestos ya los pies en el estribo», ellos le condujeron a la morada eterna, donde el juez justo le daría el reposo y la paz que los hombres le negaron.

El amor que Cervantes sentía por los escritos de Dios se patentiza de forma magistral en unos cálidos y emotivos versos compuestos en alabanza de los Salmos, que tantas huellas dejaron en su mente y en su corazón:[10]

«Salmos de David benditos,
cuyos misterios son tantos
que sobreceden a cuantos
renglones tenéis escritos;
vuestros conceptos me animen
que he advertido veces tantas,
a que yo ponga mis plantas
donde el alma no lastimen;
no en los montes salteando
con mal cristiano decoro,
sino en los claustros y el coro
desnudas, y yo rezando».

Y cuando Cervantes pasa de los libros a los personajes bíblicos, deja bien patente el amor que por ellos siente en las alabanzas y elogios que les tributa, en el reconocimiento franco de sus virtudes, en el

9. Estas palabras figuran en las primeras páginas de un ejemplar de la Biblia que la laureada poetisa chilena regaló en 1919 a la Biblioteca del Liceo de Niñas número 6 de Santigo de Chile.

10. Comedia *El Rufián Dichoso*, jornada segunda, p. 379 de sus *Obras Completas*.

respeto con que los nombra y en la sinceridad con que trata de sus caracteres y de sus cualidades humanas.

A nuestro Señor Jesucristo, lo confiesa como «Dios y hombre verdadero», y dice de Él que «ni pudo ni puede mentir» (*Quijote*, II, XXVII), constituyendo esta declaración un eco de las palabras de Pedro cuando escribió que en el Hijo de Dios «no hubo pecado y en cuya boca no se halló engaño» (1ª Pedro 2:22). En otro lugar de sus obras trata Cervantes de la Cruz de Cristo empleando un lenguaje que, de no estar en verso, diríase escrito por Pablo. Tomando textos de éste y de los evangelios, eleva un armonioso y sentido canto a la «dura Cruz preciosa», vertiendo puros y elevados conceptos espirituales que no mejorarían nuestros místicos más representativos. El corazón cristiano de Cervantes, lleno de amor y de pasión espiritual, se vuelca en este trozo poético y se afana por identificarse con los sufrimientos del Señor mediante la preciosa Cruz, que es el centro hacia donde deben converger todas las sendas del cristianismo:

«No hay cosa que sea gustosa
sin la dura cruz Preciosa.
Si por esta senda estrecha
que la cruz señala y forma
no pone el pie el que camina
a la patria venturosa,
cuando menos lo pensare,
de improviso y a deshora,
caerá de un despeñadero
del abismo en las mazmorras.
Torpeza y honestidad
nunca las manos se toman
ni pueden caminar juntas
por esta senda fragosa.
Y yo (sé) que en todo el cielo,
ni en la tierra, aunque espaciosa,
hay cosa que sea gustosa
sin la dura cruz preciosa».[11]

---

11. Comedia *El Rufián Dichoso*, jornada segunda, p. 379 de sus *Obras Completas*.

De Pablo, el último y más trabajador apóstol de cuantos vieron al Señor, habla Cervantes con emoción grave y profunda, con respeto y sentimiento. Por medio de su héroe traza una breve pero certera semblanza del convertido de Damasco. Ante el lienzo «que encubría la caída de Pablo del caballo abajo con todas las circunstancias que en el retablo de su conversión suelen pintarse», cuando don Quijote «lo vio tan al vivo, que dijeran que Cristo le hablaba y Pablo respondía», el hidalgo manchego explica a los labradores. «Éste fue el mayor enemigo que tuvo la Iglesia de Dios Nuestro Señor en su tiempo y el mayor defensor suyo que tendrá jamás; caballero andante por la vida y santo a pie quedo por la muerte, trabajador incansable por la vida del Señor, doctor de las gentes, a quien sirvieron de escuelas los cielos y de catedrático y maestro que le enseñase el mismo Jesucristo» (*Quijote*, II, LVIII).

La Biblia no es un libro de fácil penetración ni su contenido es para ser leído descuidadamente. Todo cuanto sus páginas contienen es palabra de Dios, y el secreto maravilloso de esas palabras solo puede ser descubierto por una mente espiritual. Esto explica los ruidosos fracasos de toda la caterva de racionalistas baratos cuando se han puesto a dogmatizar sobre la Biblia y a sentar conclusiones sobre sus doctrinas. La Biblia puede comprenderse solo y exclusivamente cuando se ha comprendido a su autor. Nunca se repetirá bastante ese principio esencial de la hermenéutica bíblica. Solo cuando penetramos en esa mente amplia, tan amplia como el mismo Universo, podemos llegar a conocer las verdaderas riquezas de la Biblia.

Cervantes, que tenía por verdadera y valiosa la existencia de Dios, que creía con una fe que le nacía de lo íntimo del corazón, manifestada en muchas ocasiones por la calma que inundaba su alma en los momentos de apuros –y fueron muchos en su vida–, leyó, comprendió y amó la Biblia. Y este amor no le nació del estudio frío y calculado de los escritos sagrados. Su cariño hacia ellos trascendía más allá de las simples funciones del entendimiento y la voluntad. Supo penetrar en las páginas divinas con profunda sensibilidad espiritual y los sublimes misterios se le descubrieron como tesoros accesibles, enriqueciendo y fortaleciendo su experiencia religiosa y espiritual. Y más tarde, cuando toma la pluma para escribir, ese tesoro de conocimientos bíblicos inunda las páginas de su literatura, dejando en ella testimonio elocuentísimo de veneración, respeto y cariño que profesaba a la Sagrada Escritura.

Capítulo III

LA BIBLIA QUE CONOCIÓ CERVANTES

El ilustre director de la Real Academia de la Historia y docto cervantino, señor González Amezúa, escribiendo sobre la religión de Cervantes dice: «Cervantes conoce a fondo los libros sagrados del Antiguo y Nuevo Testamento; sus citas, alusiones y reminiscencias de ellos son abundantes, como ya hemos dicho y sus comentadores registran; pues bien, estos libros sagrados no pudo leerlos Cervantes en castellano, porque estaban rigurosamente prohibidos por la Inquisición sus traducciones en romance; por tanto, tal conocimiento suyo por Cervantes arguye y presupone forzosa y lógicamente el de la lengua latina, sin el cual no hubiera podido leerlos, argumento de peso en pro de su latinidad».[12]

Si Cervantes conocía o no el latín o si lo conocía a la perfección o solo tenía de él ligeros conocimientos, no hace al caso para lo que se pretende en este capítulo. Los dos anteriores nos han convencido del conocimiento que Cervantes tenía de la Sagrada Escritura y de la favorable opinión que le merecía.

Las preguntas que ahora surgen son éstas: ¿Qué Biblia leyó Cervantes? ¿Cuáles fueron las versiones, impresas o manuscritas, que tuvo a mano el autor del Quijote? ¿Sabía latín suficiente para leer la Vulgata? ¿Allegó alguna de las muchas que circulaban por Europa en aquella época traducidas al francés, inglés y alemán? ¿Acaso bebió directamente de los originales hebreo y griego? Si nos atenemos a las conclusiones de Cervantes, hemos de contestar negativamente a las tres últimas preguntas.

Con su afirmación, el señor González Amezúa –ante cuyos conocimientos y erudición me inclino– nos plantea nuevos interrogantes: el hecho de estar prohibida la traducción de la Biblia al castellano, ¿quiere decir que no existían estas traducciones en tiempos de Cervantes? Y si existían, ¿cuál era la actitud de la Inquisición? ¿Toleraba

---

12. Agustín González de Amezúa y Mayo. *Cervantes, creador de la Novela Corta española.* Consejo Superior Investigaciones Científicas, Madrid 1956, tomo I, p. 48.

su lectura o la prohibía y condenaba terminantemente? Si esto último, ¿respetó Cervantes esta prohibición?; ¿no la respetó?

Cualesquiera sean las respuestas que demos a estas preguntas, nuestra opinión es que Cervantes conoció y leyó los sagrados escritos en lengua de Castilla, sin que para ello hubiere de atentar contra los principios religiosos que profesaba. Estos escritos, que sepamos, existían en España hasta trescientos años antes de nacer Cervantes.

El erudito investigador agustino José Llamas escribe a este respecto: «Aunque es cierto que las versiones castellanas medievales de la Biblia no han comenzado en España a ver la luz pública hasta hace cuestión de unos cinco lustros, con la aparición impresa de la llamada *Biblia de Alba,* eso no quita para que no las hubiese. De hecho las hubo relativamente numerosas y de variada procedencia... Cuando la imprenta hizo su aparición y en toda la centuria siguiente, en España se leía mucho la Biblia. Seguramente la extrema veneración que se sentía en los centros universitarios y escolares por la Biblia en latín anuló la difusión impresa del texto bíblico castellano».[13]

La autorizada opinión del Arzobispo de Toledo, Bartolomé de Carranza, confirma este hecho: «En España –escribe– había Biblias trasladadas en vulgar por mandato de los Reyes Católicos, en tiempo que se consentían bivir entre christianos los Moros y Judíos, en sus leyes».[14] El P. Llamas comenta diciendo que «los reyes católicos de España aludidos por el insigne Primado como patrocinadores de las traslaciones bíblicas romanas serán, sin duda y en conjunto, todos los monarcas de Castilla, pero principalmente Alfonso X el Sabio y Juan II, ambos amantísimos de toda ciencia y cultura».[15]

A continuación reseñamos las principales versiones bíblicas en castellano, algunas de las cuales bien pudo conocer Cervantes. Espigando datos de aquí y de allá presentamos un a modo de catálogo lo más completo que nos ha sido posible, empezando por las primeras traslaciones de que tenemos noticia y deteniéndonos en la fecha en que el corazón de Cervantes se detuvo. Las publicadas posteriormente no interesan a los fines de este capítulo.

---

13. José Llamas, O.S.A. *Biblia Medieval Romanceada Judío-Cristiana.* Consejo Superior de Investigaciones Científicas, Madrid 1950, Tomo I, p. 9.
14. Fray Bartolomé de Carranza, citado por José Llamas, o.c., p. 11.
15. José Llamas, O.S.A., o.c., p. 12.

BIBLIA DE DAVID QUIMHÍ

La primera versión de la Biblia al castellano que hasta ahora conocemos es la atribuida al famoso rabino sefardí David Quimhí. De esta traducción no se conserva copia alguna, y únicamente sabemos de su existencia por los decretos que en su día se publicaron prohibiendo la lectura de la Biblia en romance. La aparición de estos decretos y documentos prohibitivos implica lógicamente la existencia de semejantes traducciones en lengua vulgar.

De la versión atribuida a David Quimhí dice el P. Llamas:

«Algunos escritores, más bien investigadores escriturarios que historiadores recogen y se hacen de la noticia de una Biblia castellana debida al esfuerzo del famoso rabino español David Quimhí. No sería ninguna sorpresa que la referencia tuviese un cierto fondo de verdad, ya que por los años de la actividad literaria del renombrado maestro del Israel sefardí (alrededor del 1230), la prohibición de leer la Sagrada Escritura en lenguas vulgares decretada por el rey Jaime I de Aragón supone que, en efecto, la Biblia se traducía ya al romance».[16]

La prohibición de Jaime I de Aragón fue hecha en un concilio reunido en Tarragona el 7 de febrero de 1233, «con asistencia y consejo de los Obispos de Gerona, Vich, Lérida, Zaragoza, Tortosa, del electo tarraconense, de los Maestres del Temple y del Hospital y de muchos abades y otros Prelados».[17] El Decreto en cuestión consta de siete puntos; Menéndez y Pelayo nos da el texto latino íntegro en su *Historia de los Heterodoxos Españoles*.[18] El texto del segundo punto dice así: «Se manda, además, que nadie tenga en su poder los libros tanto del Antiguo como del Nuevo Testamento en romance. Y si alguien los tuviere, que los entregue en el plazo de ocho días, a contar de la publicación de esta constitución, al obispo del lugar, para que él los queme. Si así no lo hiciere, lo mismo si es clérigo que laico, considéresele como sospechoso de herejía hasta que rectifique».

Prohibición semejante a ésta fue decretada por un concilio francés reunido en Tolosa el año 1229: «Prohibimos asimismo que no

---

16. José Llamas, O.S.A., o.c., p. 12.
17. Menéndez y Pelayo. *Historia de los heterodoxos españoles.* Consejo Superior de Investigaciones Científicas, Santander, 1948. Tomo II, p. 226.
18. Menéndez y Pelayo, o.c., tomo VII, pp. 225-227.

se permita a los laicos tener los libros del Antiguo y Nuevo Testamento...; no tengan los libros mencionados traducidos en romance...».[19]

Si Cervantes conoció o no estas versiones bíblicas manuscritas en castellano, es cosa que no estamos en condiciones de afirmar, pero parece poco probable que así fuera, teniendo en cuenta que el Decreto de don Jaime I, que seguramente acabó con todas o casi todas las copias que pudieran existir, fue promulgado exactamente trescientos catorce años antes del nacimiento del escritor alcalaíno. No obstante, las traducciones bíblicas en lengua vulgar se fueron multiplicando a medida que se multiplicaban las prohibiciones de su lectura. Pues, como acertadamente escribe el P. Llamas, «no es de suponer que por un caso aislado de una traducción romance se acudiese a un decreto de tonos universales. Eso quiere decir que, apenas nuestro idioma, en el siglo XIII, fue útil en sí mismo y preferentemente a sus usuarios para servir de recipiente literario a los libros santos, inmediatamente comenzaron a ser elaboradas versiones bíblicas castellanas, totales o parciales, cosa que al presente aún no podemos precisar».[20]

BIBLIA ALFONSINA

Del rey de Castilla y de León, don Alfonso X, conocido y honrado con el sobrenombre de «el Sabio», se dice que «cometió desaciertos como rey, pero merece alabanzas como sabio».

Este juicio es verdadero. Bajo su reinado se editaron numerosas obras científicas, literarias, históricas y jurídicas, escribiendo él mismo muchas de ellas. Puso gran empeño en hacer traducir en lengua romance obras de positivo valor cultural, científico y religioso. Entre estas obras no olvidó la Biblia. El P. Mariana, en su *Historia de España*, alude a la actividad literaria en lengua de Castilla de don Alfonso el Sabio, diciendo de él: «Fue el primero de los reyes de España que mandó que las cartas de ventas y contratos e instrumentos todos se celebrasen en lengua española, con deseo de que aquella lengua, que era grosera, se puliese y enriqueciese. Con el mismo intento hizo que los sagrados libros de la Biblia se tradujesen en lengua

19. José Llamas, O.S.A., o.c., tomo VII, pp. 12-13.
20. José Llamas, O.S.A., o.c., tomo VII, pp. 12-13.

castellana. Así, desde aquel tiempo, se dejó de usar la lengua latina en las provisiones y privilegios reales y en los públicos instrumentos, como antes se solía usar».[21]

De esta versión se conservan actualmente cien ejemplares manuscritos en la biblioteca de El Escorial. El P. Llamas dice de ella que «es una Biblia parcial del Antiguo Testamento según el ejemplar latino, a la cual, por formar parte de la "Grande e General Estoria" de Alfonso X el Sabio, debe imponérsele el nombre mencionado».[22]

Todavía el P. Llamas, tan citado en este capítulo, nos habla de otra Biblia que titula *Biblia Medieval Romanceada Prealfonsina*. Está formada por los códices escurialenses I-I-6, el I-I-8, Y-1-6 e I-I-2. No hay indicios ciertos de que los cuatro saliesen de una misma mano o de un mismo centro de cultura, pero como de hecho, año más o menos, son coetáneos y fueron fraguados en el troquel del texto latino, pueden sin dificultad y juntos entre sí hacer la Biblia más antigua del idioma español. Es Biblia completa, pues abarca ambos Testamentos.[23]

BIBLIA DE ALBA

Esta versión, que algunos historiadores de la Biblia atribuyen a don Juan II de Castilla, y que también se la conoce como *Biblia de Olivares*, tiene la siguiente historia: «Don Luis Guzmán, Gran Maestre de la Orden de Calatrava, a principios del siglo XV, tuvo deseos de leer la Biblia en estilo puro y castizo, pues no le agradaban las versiones que entonces se conocían, escritas en un español que ya se hacía anticuado. Supo que se había establecido en la Población de Maqueda un rabino de notable erudición, llamado Moisés Arragel, y a éste se dirigió proponiéndole que hiciese una traducción, por la cual se comprometía a gratificarle generosamente y hacerle señalados favores. Pero el Maestre no pedía solo una traducción, sino también la glosa necesaria para la mejor inteligencia del texto. El judío contestó excusándose, pues temía que, siendo sus creencias diferentes de las de los católicos, las notas marginales no hallasen la aprobación de

21. Citado por José Llamas, o.c., p. 10.
22. José Llamas, O.S.A., o.c., p. 55.
23. José Llamas, obra citada, p. 10.

éstos y llegase él a ser objeto de persecución inquisitorial. El Maestre no se dio por satisfecho con esta negativa y sugirió que las notas, cuando estuviesen en discrepancias con las creencias católicas fuesen sometidas al juicio de Fray Arias de Encinas, guardián de San Francisco de Toledo. Fue tal la insistencia del Maestre que llegó a amenazar al judío, de modo que éste, al fin, puso manos a la obra, terminando su labor el 2 de junio de 1430. Esta Biblia consta de 515 páginas escritas con letras minúsculas y tiene 290 miniaturas en oro y colores pintadas por los mejores artistas que había entonces en España».[24]

Este valioso y precioso manuscrito estuvo durante muchos años en poder de la Inquisición. En 1624 fue entregado a don Gaspar de Guzmán y en 1688 pasó a ser propiedad de los Duques de Alba, en cuya biblioteca se conserva actualmente. En 1922 el Duque de Alba publicó una edición facsimilada de 300 ejemplares, constando de dos lujosos tomos en folio de 845 y 992 páginas, respectivamente. De ahí el nombre de *Biblia de la Casa de Alba.*

BIBLIA DE FERRARA

De las traducciones manuscritas pasamos a las versiones impresas. La de Ferrara puede considerarse como la primera Biblia castellana salida de la imprenta. Fue vertida al idioma de Castilla por judíos sefardíes salidos de España a fines del siglo XV y establecidos en la ciudad italiana de Ferrara.

«De esta edición se hicieron dos ediciones al mismo tiempo. Una de ellas está dedicada a una matrona judía llamada doña Gracia Nancy por Jom Tob Athías y Abraham Usque, y lleva la fecha conforme al calendario judaico, 14 de Adar de 5313. La otra está dedicada al Duque de Ferrara por Duarte Pinel y Jerónimo Vargas, y lleva la fecha conforme al calendario cristiano, 1° de marzo de 1533. Se cree que una edición era para el uso de los judíos y otra para el uso de los cristianos.»[25]

---

24. *Versiones castellanas de la Biblia,* por Juan C. Varetto, en *Comentario Bíblico de Abingdon,* tomo I, p. 81, Argentina, 1937.
25. Juan C. Varetto, o.c., p. 85.

En la última página de esta Biblia figura una nota por la cual se deduce que el principal traductor de la misma fue un tal Duarte Pinel, corriendo con los gastos de la impresión el español Jerónimo Vargas.

La nota de la versión cuya dedicatoria va dirigida al Duque de Ferrara, dice así: «A la gloria y loor de nuestro Señor acabó la presente Biblia en lengua española traducida de la verdadera origen Hebrayca por muy excelentes letrados; con industria y diligencia de Duarte Pinel, Portugués; estampada en Ferrara a costa y despensa de Jerónimo Vargas, Español; en 1553».

¿Conoció Cervantes la Biblia de Ferrara? Pruebas para darlo por cierto no tenemos, pero muy bien pudiera ser que sí. Ferrara gozaba en la época de nuestro escritor amplia fama como ciudad en que brillaba el cultivo de las letras, de las ciencias y de las artes. Allí se daban cita filósofos y literatos, artistas y poetas; médicos célebres, estadistas y hasta príncipes y reyes frecuentaron sus calles. En Ferrara se estableció Renata, hija de Luis XII de Francia, con toda su corte, donde figuraban renombrados poetas, como Clemente Marot. Cervantes no podía dejar de visitar este centro bohemio del Renacimiento. Estuvo en ella de paso para Venecia, aunque dudamos que su estancia en Ferrara fuese simplemente ocasional. Había allí mucho que interesaba a la aguda observación del autor del Quijote. De Ferrara y Venecia diría más tarde que «se parecen en las calles, que son todas de agua».

De la estancia de Cervantes en Italia dice Rafael Benítez: «De Nápoles dorada saltó a Roma. De Roma, a Ancona, a Ferrara, a Venecia, a Parma, a Milán, a Florencia, a Génova y a la Sicilia, acurrucada junto al pie de Italia. Toda la península desfila ante los ojos del soldado, que satura su alma de esencias renacentistas. Allí escucha los cantos de Bernardo Tasso, alabando como puede a los españoles; a Torcuato, de voz siempre adolescente, recitando su *Reinado de Montalbán*; a Pulci, picaresco jayán, con su *Morgante* a cuestas, y allí estrecha la mano de Tansilo, el confidente de Garcilaso, y lee las novelitas de Massuccio Salernitano, graciosas e inocentes.

Todo esto, repartido y repetido en diez años, en esa edad de los veinte a los treinta, en que se hacen los hombres, tuvo que dejar forzosamente un gran residuo espiritual en el alma del joven».[26]

---

26. *Cervantes en la evolución de su época*, por Rafael Benítez Claros, en *Cuadernos de Literatura,* marzo-junio 1948, p. 216.

Su inquietud espiritual e intelectual hizo a Cervantes visitar templos y monumentos religiosos y frecuentar los centros donde se daban cita los amantes de las letras y de las artes. Tanto en uno como en otro lugar pudo Cervantes conocer la versión castellana de la Biblia que había sido editada en Ferrara solamente treinta y seis años antes de la llegada a Italia del autor más grande de todos los tiempos.

LAS TRADUCCIONES DE VALDÉS

A juicio del célebre hispanista Fitzmaurice-Kelly, Juan de Valdés «es, indiscutiblemente, el mejor prosista de su tiempo; aun más tarde es difícil encontrar otro que le iguale. Aunque no posee la fantasía poderosa ni la fuerza creadora de Cervantes, pueden observarse analogías entre ambos y, como estilista, Valdés se acerca mucho a su gran sucesor. El estilo de Cervantes, generalmente brioso, es desigual, a veces amanerado, a veces descosido; la culta y serena sencillez de Valdés no es menos natural y jamás se aparta de ella».[27]

Parecida opinión emite Menéndez y Pelayo, llamando a Valdés «uno de los espíritus más finos y delicados y uno de los más admirables prosistas de la literatura española».[28]

Casi toda su vida la pasó Juan de Valdés en Italia. Aprovechando sus conocimientos profundos de las lenguas clásicas y del hebreo, se dedicó con entusiasmo a la traducción de gran parte del Nuevo Testamento y de los Salmos de David. Se cree que tradujo todas las epístolas de San Pablo, pero noticias ciertas solo tenemos de una traducción y comentario de la epístola a los Corintios, publicada en la misma ciudad italiana en 1557. De esta traducción dice Menéndez y Pelayo que «es fiel y exacta, salvo algún descuido».[29]

No es seguro que llegara a imprimirse la traducción que Valdés hiciera de los Salmos, aunque por la dedicatoria a Julia Gonzaga, fiel discípula y amiga del escritor conquense, que figura en el primer *Comentario* de Valdés, se deduce la existencia de más de una copia manuscrita, toda vez que dicha señora recibió una traducción completa del salterio.

27. Fitzmaurice-Kelly. *Historia de la Literatura Española.* Madrid 1926, p. 176.
28. Menéndez y Pelayo. *Estudios y discursos de Crítica Histórica y Literaria.* Tomo I, p. 347.
29. Menéndez y Pelayo. *Historia de los heterodoxos españoles.* Tomo III, p. 229.

En la aludida dedicatoria se lee: «Persuadiéndome, ilustrísima señora, que por medio de la continua lección de los "Salmos de David", que el año pasado os envié traducidos del hebreo en romance castellano…»

El manuscrito de esta traducción se lloraba perdido hasta que fue hallado por el doctor Boehmer en la Biblioteca Imperial de Viena y publicado por vez primera en Alemania, en 1880, con el título de *El Salterio, traducido del hebreo en romance castellano por Juan de Valdés. Ahora por primera vez impreso*. Menéndez y Pelayo califica esta traducción como «superior a todas las demás que en castellano se han hecho de aquel tesoro de poesía hebrea».[30]

Con el manuscrito del Evangelio de San Mateo ocurrió igual que con el de los Salmos. Anduvo perdido y no se tienen noticias de que fuera impreso hasta ser hallado por Boehmer en Viena. Fue publicado en Madrid por la Librería Nacional y Extranjera el mismo año que se publicaba en Alemania el Salterio, resultando un libro de 537 páginas, donde se contiene el texto sagrado y un comentario al mismo. Menéndez y Pelayo dice que «el libro sobre Mateo tiene mucho más interés por la traducción, que es modelo de lengua, que por el comentario, en que no se hallan más que ideas fastidiosamente repetidas por Valdés en otras obras suyas».[31]

¿Leyó Cervantes algunas de estas traducciones bíblicas de Valdés? ¡Quién sabe! Lo que sí asegura Menéndez y Pelayo y confirma también Fitzmaurice-Kelly es que el autor del Quijote leyó bastante a Valdés y huellas de estas lecturas aparecen en la famosa novela del escritor alcalaíno; este hecho tiene su importancia.

«No solo Luciano –escribe el políglota santanderino–, sino Xenofonte también, habían dejado su rastro luminoso en las páginas de Juan Valdés, a quien Cervantes no podía citar porque pesaba sobre su nombre el estigma de herejía que le valieron sus posteriores escritos teológicos, pero en cuyos diálogos de la primera manera estaba tan empapado, como lo prueba la curiosa semejanza que tienen los consejos de don Quijote a Sancho cuando iba a partirse para el gobierno de la ínsula, con aquella discreta y maravillosa imitación que en el

30. Menéndez y Pelayo. *Historia de los heterodoxos españoles*. Tomo III, pp. 255 y 258.

31. Menéndez y Pelayo. *Historia de los heterodoxos españoles*. Tomo III, pp. 255 y 258.

Mercurio y Carón leemos del razonamiento que Ciro, poco antes de morir, dirige a sus hijos en el libro VII de Ciropedia.»[32]

EL NUEVO TESTAMENTO DE ENCINAS

Francisco de Encinas nació en Burgos en el año 1520. Desde muy joven se dedicó al estudio de las letras y de la filosofía ingresando en la famosa Universidad de Alcalá de Henares. La lectura de la Biblia le atraía enormemente, y en Alemania se dedicó a la tarea de traducir en romance el Nuevo Testamento, labor que le llevó muchos años de trabajo.

El libro se publicó en Amberes cuatro años antes de nacer Cervantes, con una «noble y discreta» dedicatoria a Carlos V. «Después de referir las diversas opiniones sobre la lección vulgar de la Biblia sin condenar ninguna, dice que ha hecho su traducción por tres razones: 1ª. Porque ha visto que no hay poder humano bastante a impedir la difusión de las Escrituras. 2ª. Porque todas las naciones de Europa gozan ya de este beneficio y tachan a los españoles de supersticiosos porque no hacen otro tanto. 3ª. Porque no se opone a la publicación ninguna ley real ni pontificia.»[33]

Menéndez y Pelayo refiere que «la traducción de Encinas ha sido juzgada con bastante elogio por Ricardo Simón. El intérprete sabía mucho griego, aunque algo le ciega su adhesión al texto de Erasmo. Las notas son breves y versan en general sobre palabras de sentido ambiguo o sobre pesos, medidas y monedas. Tuvo el buen gusto de no alterar en nada el estilo evangélico, dejando toda explicación para el margen; evita la paráfrasis y es bastante literal... El lenguaje de la traducción es hermoso, como de aquel buen siglo; pero no está libre de galicismos, que se le habían pegado al traductor de su conversación con la gente del Brabante».[34]

Se cree que la traducción del Nuevo Testamento publicada por Juan Pérez de Pineda en Ginebra en el año 1556 no fue obra original

---

32. Menéndez y Pelayo. *Estudios y discursos de crítica histórica y literaria.* Tomo I, p. 330.
33. Menéndez y Pelayo. *Historia de los heterodoxos españoles.* Tomo III, p. 286.
34. Menéndez y Pelayo, o.c., tomo III, p. 286.

suya, sino una revisión de la versión de Encinas. Quizá por ello no aparece su nombre como traductor del mismo. Este mismo autor que, a decir de Menéndez y Pelayo, «es prosista sobrio y vigoroso, de la escuela de Juan de Valdés»,[35] publicó también una traducción de los Salmos, basándose sobre todo en la publicada por éste con anterioridad. De ella dice el autor de los Heterodoxos que «es hermosa como lengua; no la hay mejor de los Salmos en prosa castellana. Ni muy libre ni muy rastrera, sin afectaciones de hebraísmo ni locuciones exóticas, más bien literal que parafrásica, pero libre de supersticioso rabinismo, está escrita en lenguaje puro, correcto, claro y de gran lozanía y hermosura».[36]

LA BIBLIA DEL OSO

Juan Pérez de Pineda dispuso que a su muerte toda su herencia fuese empleada para publicar literatura religiosa, y especialmente para la traducción y publicación de una Biblia completa al castellano.

Esta ardua empresa fue emprendida por Casiodoro de Reina, granadino, nacido en la ciudad andaluza el año 1556. En su traducción empleó Reina doce años de trabajo, siendo acabada en Basilea, terminándose el mes de septiembre de 1569. La primera edición fue de 2.600 ejemplares, y se la conoce como *La Biblia del Oso*, porque tiene en su portada un emblema grabado que representa el tronco de un árbol con una hendidura en medio en la que hay un enjambre de abejas y un oso que está lamiendo la miel que destila por el tronco.[37]

Menéndez y Pelayo dice de esta obra que «aunque como trabajo filológico no es ninguna maravilla..., como hecha en el mejor tiempo de la lengua castellana, excede mucho la versión de Casiodoro, bajo tal aspecto, a la moderna de Torres Amat y a la desdichadísima del Padre Scío».[38]

La versión de Casiodoro de Reina fue revisada más tarde por Cipriano de Valera, andaluz, de la ciudad de Sevilla. Valera era gra-

---

35. Menéndez y Pelayo, o.c., tomo IV, p. 130.
36. Menéndez y Pelayo, o.c., tomo IV, p. 130.
37. Hazael T. Marroquín. *Versiones castellanas de la Biblia.* México, 1959, p. 150.
38. Menéndez y Pelayo, o.c., tomo IV, pp. 141 y 143.

duado por las Universidades de Cambridge y Oxford y conocía bien el hebreo y el griego. En su trabajo de revisión empleó veinte años. El Nuevo Testamento fue publicado en Londres en 1596, y la Biblia completa en Amsterdam en 1602, tres años antes de la aparición de *El Quijote* en su primera parte. Todas las ediciones que posteriormente se han hecho de esta versión revisada, y han sido muchísimas a través de los años llevan el nombre de *Versión Reina-Valera*.

Del trabajo de Valera escribe Menéndez y Pelayo: «Los veinte años que dice que empleó en preparar su Biblia deben de ser ponderación e hipérbole andaluza, porque su trabajo, en realidad, se concretó a tomar la Biblia de Casiodoro de Reina y reimprimirla, con algunas enmiendas y notas que ni quitan ni ponen mucho. Tampoco he de negar que, en general, mejoró el trabajo de su predecesor, y que su Biblia, considerada como texto de lengua, debe tener entre nosotros la misma autoridad que la de Diodati entre los italianos. Al fin y al cabo, está hecha en el siglo de oro».[39]

¿Tuvo Cervantes conocimiento de estas traducciones? ¿Llegó a leerlas? Todas las de Valdés, Encinas, Pineda, Reina y Valera estaban perseguidas por la Inquisición, prohibida su lectura y cerrada herméticamente su entrada en España. No obstante, aunque en pequeñas cantidades, teniendo en cuenta la población española por entonces, estas Biblias circularon por nuestra Patria. Menéndez y Pelayo nos habla de un curioso personaje llamado Julián Hernández, apodado Julianillo, debido a su pequeña estatura. Era manchego, natural de Villaverde del Campo. Se hacía pasar por arriero y con sus bestias de carga introducía clandestinamente en España su «mercancía».

«Transportó de Ginebra a España en 1557 dos grandes toneles... de Nuevos Testamentos, traducidos por el doctor Juan Pérez, y los esparció profusamente en Sevilla.»[40] De la versión de Reina dice Menéndez y Pelayo que «logró introducir en España ejemplares, a pesar de las severas prohibiciones del Santo Oficio».[41] Creemos que igual ocurriría con otras traducciones de aquella época, cuya entrada en España no se toleraba legalmente.

---

39. Menéndez y Pelayo, o.c., tomo IV, p. 176.
40. Menéndez y Pelayo, o.c., tomo IV, p. 106.
41. Menéndez y Pelayo, o.c., tomo IV, p. 106.

Bien pudo Cervantes haber tropezado con uno de estos ejemplares en el curso de sus andanzas por España. En Sevilla y en Valladolid vivió nuestro glorioso escritor y éstas fueron las dos ciudades españolas donde principalmente, a juicio de Menéndez y Pelayo, se distribuían los Nuevos Testamentos y Biblias de lectura prohibida. Cervantes, hombre de letras, es natural que se sintiera interesado por toda clase de lectura, y la de la Biblia no le era desconocida, como ya hemos demostrado.

Por otra parte, está dentro de lo posible que Cervantes se hiciera con estos ejemplares durante sus viajes por el extranjero. Como el objeto de este capítulo es simplemente enumerar Biblias que pudo conocer Cervantes en lengua castellana, sin interés alguno en atribuirle una concreta, no entraremos en detalles de fechas y circunstancias, pero sí queremos observar que durante su permanencia en Italia apareció en Suiza la traducción de Reina, como también estaba en Sevilla cuando el tal Julianillo «esparció profundamente» por la capital del Betis los Nuevos Testamentos de Pérez de Pineda; y otra vez en Sevilla, ya maduro en edad, cuando circulaba secretamente por la ciudad de la Giralda la versión revisada por Valera. Si conoció o no estas traducciones, es cosa que solo Dios y Cervantes lo saben, según pienso yo.

OTRAS TRADUCCIONES

Hemos enumerado las principales versiones castellanas de la Biblia que existían en época de Cervantes. Esta enumeración ha sido más extensa de lo que en realidad pretendíamos. Pero entre referencias confusas e inconcretas, difícilmente comprobables, y amplia y detallada relación con datos al alcance del lector, hemos preferido esto último, aun a riesgo de aparecer insistente y machacón en un tema que después de todo no es trascendental a los fines de este estudio. Debe perdonarse esta manía nuestra de andar citando continuamente, pero es un vicio literario como cualquier otro; bueno o malo, nos caracteriza, y trabajo nos cuesta desprendernos de él.

Con todo, la relación no es completa, ni mucho menos. Queremos proseguir detallando otras traducciones que se hicieron en la segunda mitad del siglo XVI, años en que vivió Cervantes; lo hacemos convencidos de que algunas escaparán a nuestra enumeración.

El maestro Fray Luis de Granada tradujo al castellano evangelios, epístolas y otros libros sagrados.

Fray Luis de León puso en romance el libro de Job y El Cantar de los Cantares.

José de Valdivieso publicó los Salmos en verso, ayudado por el Conde de Rebolledos y por Fray Juan de Soto.

Antonio de Cáceres y Sotomayor, confesor de Felipe II, tradujo al castellano los Salmos.

Fernández Jarava publicó en Amberes su traducción del libro de Job y de algunos Salmos.

También en Amberes aparecieron traducciones anónimas de los Salmos penitenciales, del Cantar de los Cantares, de las Lamentaciones de Jeremías, de todo el Salterio y del libro de los Proverbios.[42]

El mismo año que nació Cervantes se publicó en Constantinopla *El Pentateuco Hebraico Chaldaico, Español y Bárbaro Griego*, en folio, a tres columnas, reproducción de la que se había hecho en Venecia en 1947, obra muy rara y que, según Rossi, en su *Typographia Hebraica*, muy pocos conocen.[43]

«Otra versión de menor importancia es la *Biblia de Quiroga*, hecha de la Vulgata Latina, llamada así porque fue dada por el Cardenal Quiroga a Felipe II. Sigue el orden de los libros de la Vulgata. Contiene solo el Antiguo Testamento. Se cree que la tradujo un judío convertido.»[44]

«La versión de los cuatro Evangelios que tomó como base la Vulgata, llevó por título *Vita Cristo Cortujano*, y se dedicó a los Reyes Católicos, Fernando e Isabel.»[45]

¿Cuál de todas estas traducciones conoció Cervantes? Es imposible determinarlo. Su conocimiento de la Biblia era bastante amplio, pero muy pocas veces la cita literalmente. Cuando lo hace, no se puede averiguar por la referencia entrecomillada a qué versión bíblica se refiere, porque la cita no coincide textualmente con ninguna de las versiones que hemos consultado de aquella época.

---

42. Estas traducciones son citadas por don Felipe Scío de San Miguel en su traducción de la *Vulgata*, tomo I, pp. 20-22, Barcelona.

43. W. E. Browning. *Los libros sagrados del Cristianismo*. Argentina 1928, p. 252.

44. Carrol O. Gillis. *Historia y Literatura de la Biblia*. Estados Unidos 1954, p. 91.

45. Jonás García. *La Biblia, nuestra herencia*. Estados Unidos 1936, apéndice.

De las dos citas latinas que figuran en el prólogo a la primera parte de Don Quijote, solamente la primera coincide con el texto de la Vulgata; la segunda se halla incompleta. En cuanto a las citas en castellano que figuran en la célebre novela, tampoco coinciden con el texto bíblico. Ocurre igual con la cita del Levítico que aparece entre comillas en *Los trabajos de Persiles y Segismunda*, libro primero, capítulo XVIII. No es traducción literal de la Vulgata ni pertenece a la edición de Ferrara ni a la de Reina-Valera. No obstante, el sentido de la frase es el mismo. Esto puede deberse a tres causas principales: a que Cervantes traducía libremente el texto latino, o a que transcribía el texto castellano sin ajustarse a la literalidad de las palabras, de propia intención, o a que citaba de memoria, sin tener a la vista ninguna versión de las Escrituras. Esta última hipótesis nos parece la más probable y, lejos de desmerecernos el método, nos proporciona nuevos argumentos para comprender hasta qué punto los escritos sagrados se hallaban impresos en la memoria del autor.

De lo que no hay duda alguna es de que Cervantes no precisó el latín para conocer la Biblia. Existían en su época las versiones castellanas que hemos enumerado, y el autor del Quijote, hombre abierto a las influencias universales, en sentir de Américo Castro, en contacto permanente con el pensamiento y los problemas de su tiempo, no rehusaría hacerse con cualquiera de las versiones citadas. Es cierto que algunas de ellas estaban prohibidas por la Inquisición, pero entrado ya el siglo XVI el rigor de la prohibición amainó, según Menéndez y Pelayo, «y la privación no era grande... El pueblo y las mujeres tenían a su disposición las traducciones en verso de los libros poéticos, que jamás se prohibieron, ciertos comentarios y paráfrasis y muchos libros de devoción, en que se les daba, primorosamente engastada, una buena parte del divino texto. Fácil sería hacer una hermosa Biblia reuniendo y concordando los lugares que traducen nuestros ascéticos... Lejos de estar privados los españoles del siglo XVI del manjar de las Sagradas Escrituras, penetraba en todas las almas, así el espíritu como la letra de ellas, y nuestros doctores no se hartaban de encarecer y recomendar su estudio».[46]

46. Menéndez y Pelayo, o. c., tomo IV, p. 434.

Capítulo IV

LA BIBLIA Y EL QUIJOTE

El Quijote ha sido muchas veces comparado con la Biblia. Linares Rivas lo llamó «Biblia literaria»; Fernández del Valle, entre otros, lo calificó de «Biblia de la humanidad», y Washington Irving dijo que «El Quijote es la Biblia de lo profano». Hace años –unos cuarenta y cinco–, el entonces Catedrático de Literatura en Córdoba, don Manuel Sandoval, dio una conferencia en el Círculo de la Amistad, en la ciudad de la Mezquita, versando sobre la novela de Cervantes. Al finalizar la misma estableció un paralelo entre la Biblia y el Quijote. La idea fue recogida por un sacerdote que asistía al acto y en ella se inspiró para elaborar un artículo que, con el título *La Biblia y El Quijote*, publicó con el seudónimo de Plutarco en el periódico *La Opinión*, de Cabra, Córdoba, el 27 de octubre de 1947, año en que se celebraba el cuarto centenario del nacimiento de Cervantes. En este artículo se habla de la humanidad y universalidad del Quijote y se establece un parangón con la Biblia.

Comparar El Quijote con la Biblia es como comparar, verbigracia, Pablo con Cristo. Pablo fue un predicador incansable, un apóstol culto e inteligente, un hombre humilde y sacrificado; sus celos, sus esfuerzos misioneros, sus dotes de organizador, su conocimiento del Viejo Testamento y sus capacidades literarias han beneficiado al Cristianismo de una forma que nunca se reconocerá lo suficiente. Pero aun cuando su figura humana cobre proporciones gigantescas ante nuestros ojos, aunque la ensalcemos hasta lo ideal, no fue más que un hombre, un ser humano de cualidades extraordinarias, pero humano, terreno. Cristo fue también hombre, y a su condición de hombre estuvo sujeto los treinta y tres años de su existencia terrena; pero además de hombre fue y sigue siendo Dios. Entre ambos existe un obstáculo imposible de saltar; un abismo insondable los separa. La comparación ha de estar forzosamente limitada a ciertos rasgos externos que le son comunes. El hombre nunca podrá igualarse a Dios. Cuando un querubín hermoso lo pretendió, fue arrojado de la presencia divina y perdió su hermosura; el que era ángel de luz lo fue luego de tinieblas. Otro tanto ocurre con la Biblia y El Quijote. A la obra de Cervantes se le han aplicado los mejores calificativos de la literatura universal. Chesterton, en uno de sus libros más logrados, ha llegado a presentarnos las figuras de Sancho y don Quijote bajando por una colina paralela a las de Tomás de Aquino y Francisco de Asís. Nicolás Díaz de Benjumea, después de llamarlo «verdadera fábrica y monumento que descuella en la española literatura», añadió que «las hipérboles y los mayores extremos de elogios dejan de serlo cuando se aplican a este prodigio del arte hermano llamado el Quijote».[47] Y todavía fue más lejos un autor anónimo, quien estampó en el prólogo a una de las traducciones inglesas del Quijote las siguientes palabras: «Por su especial ingenio, aguda ironía, riqueza de invención y profundo conocimiento del corazón humano, esta gran obra de un gran maestro permanece sin rival en la historia de la literatura».[48] Ya está todo dicho. Según estas autoridades, El Quijote es el no va más de la humana literatura.

Pues bien; aun así, lo separa de la Biblia lo que separa a San Pablo de Cristo: su origen y condición humana. El Quijote es un gran libro escrito por un gran hombre; la Biblia es un gran libro escrito por grandes hombres, pero inspirado por Dios, lo que le hace perder su condición humana y ser un libro divino, el libro de Dios.

El paralelo, pues, que establezcamos entre ambos libros ha de ser, naturalmente, relativo y sin perder nunca de vista que el uno es un gran libro engendrado en el cielo, en el mismo corazón de Dios. Lo humano no puede ser nunca mezclado con lo divino.

El mismo Cervantes desaprueba y condena este procedimiento. En el prólogo a su primera parte del Quijote dice por boca del amigo: «Ni tiene para qué predicar a ninguno mezclando lo humano con lo divino, que es un género de mezcla de quien no se ha de vestir ningún cristiano entendimiento». Todavía en El Quijote, en el pasaje que ya hemos citado del discurso sobre las armas y las letras, dice que «al fin y paradero» de las letras divinas no se le puede igualar ningún otro. Y en *El Licenciado Vidriera* critica Cervantes a los titiriteros, precisamente por el poco respeto con que tratan de las cosas divinas: «De

47. Citado por Astrana Marín, estudio mencionado, pp. 56 y 69.
48. Ídem.

los titiriteros decía mil males; decía que era gente vagabunda y que trataba con indecencia de las cosas divinas porque con las figuras que mostraban en sus retablos volvían la devoción en risa, y que les acontecía envasar en un costal todas o las más figuras del Testamento Viejo y Nuevo y sentarse sobre él a comer y beber en los bodegones y tabernas».

Hecha la advertencia que precede, estableceremos seguidamente un paralelo entre ambos libros, mostrando aquellos aspectos que les son comunes, pero sin olvidar ni por un momento la humanidad del uno y la divinidad del otro. Que nadie vea aquí muestra de irreverencia hacia la Biblia, que para nosotros –lo decimos desde ahora– es palabra inspirada desde la primera letra del Génesis a la última del Apocalipsis.

HISTORIA

Eulogio Palacios dijo en un artículo publicado en *ABC* de Madrid, que «la única historia en la cual podemos creer a pies juntillas, es la historia que nos narra la Biblia». E Isaac Newton escribió también diciendo que «hay más señales de autenticidad en la Biblia que en historia profana alguna».

La Biblia es un libro de Historia. La suya es la historia del hombre contada por Dios. No es, como ocurre con los demás textos que tratan este tema, la expresión del pensamiento ni de la voluntad del hombre. Es la revelación divina de nuestra peregrinación terrena y habla el lenguaje de la eternidad, que muy pocos espíritus entienden. En esta historia no se miente, ni se falsea, ni se exagera; no se alaba ni se condena; no se ensalza ni se humilla. Se describen los hechos y los personajes con clara objetividad, con imparcialidad rigurosa, con absoluta autenticidad. En sus páginas se entrelazaron del centro a la circunferencia los siglos, y todo cuanto describe ha tenido por escenario los cielos y la tierra. La caída y la redención del hombre es su tema principal.

Es cierto que en la redacción de la historia bíblica intervinieron seres humanos, con los defectos inherentes a todo mortal; pero estaban dirigidos e inspirados por la mente de Dios. Una ilustración hará esta idea más comprensible. Los grandes bloques de piedra que forman las fachadas de El Escorial no fueron labrados, como se sabe, en el lugar de la construcción, sino en las propias canteras. Una vez labrados, fueron transportados en grandes carretas tiradas por bueyes al lugar donde se construía el colosal monasterio, y allí se comprobaba que estos grandes bloques encajaban perfectamente unos con otros. Esta perfección se debía a que una mente directora se cuidaba de dirigir a los operarios en las mismas canteras, y esta hábil dirección hacía posible la unión de todas aquellas rocas en el lugar de la construcción.

Para levantar los pilares de la historia bíblica hicieron falta instrumentos humanos, pero en la armonía, exactitud y maravillosa composición que refleja la historia terminada se advierten los dictados de una mente de Dios, ordenándolo y dirigiéndolo todo por su Espíritu Santo.

En el Quijote hay también historia. Fielding ha dicho que «no hay libro que merezca el nombre de historia mejor que el que contiene las hazañas del famoso Don Quijote; ni aun el de Mariana. Porque la obra de Mariana está limitada a un período particular y a una nación; pero Don Quijote es la historia del mundo en general».[49]

Es la historia del mundo contada a lo mundano por uno de sus grandes hombres. La Biblia es la historia del mundo contada a lo divino por el Creador del cielo y de la tierra.

POESÍA

La Biblia, libro de historia, lo es también de poesía. Es una poesía que responde a la forma de paralelismo más que a ninguna otra. Se advierte cierta correspondencia en el pensamiento y en el lenguaje de los autores que escribieron en diferentes épocas y esta unidad de conceptos y hasta de palabras resalta el valor de la inspiración bíblica.

Refiriéndose a la poesía de la Biblia, uno de sus estudiosos ha dicho que «la nerviosa simplicidad hebrea impide que el paralelismo degenere en monotonía. Al repetir la misma idea en diferentes palabras, parece como si se diera vueltas a un precioso ópalo, que ofrece nueva belleza a cada nueva luz en que se mira. Sus amplificaciones

---

49. Citado por Alberto Sánchez en *Historia y poesía en el Quijote, Cuadernos de Literatura*, marzo-junio 1948, p. 157.

de un pensamiento dado son como los ecos de una solemne melodía; sus repeticiones, como el reflejo de un paisaje en el arroyo; y sus preguntas y respuestas, al par que dan efecto como de cosa viva a sus composiciones, nos recuerdan las voces que alternan en el culto público, al cual se adaptaron de una manera marcada».[50]

La belleza poética de los Salmos, siempre lozanos, siempre actuales; la descripción viviente del dolor y la reconciliación en el libro de Job; las sentencias moralizantes de los Proverbios; el desengaño de la vida y la vanidad de lo terreno en el Eclesiastés; la tierna poesía amorosa en el Cantar de los Cantares, con sus imágenes fuertes, atrevidas; todo eso y otros importantes pasajes del Antiguo y del Nuevo Testamento hacen de la Biblia un libro poético, de poesía auténtica, sincera y sublime, a la vez que sencilla.

«En El Quijote, historia y poesía aparecen unidas en lazo indisoluble. Estudiarlas allí separadamente sería tarea imposible, fuera de las indicaciones preceptistas, bien aprendidas y mejor superadas. Cervantes acierta en la creación del gran Epos moderno, la novela realista, a combinar maravillosamente los dos elementos, el vivido y el imaginado. Y acierta porque, como decía Klein, el auténtico poeta pinta el fondo y cada una de sus partes de una sola pincelada, pues como Dios creador no concibe primero la idea del mundo en la mente y después le da forma, sino que idea y forma las funde y desarrolla en uno.»[51]

PROFUNDIDAD HUMANA

Se ha dicho de la Biblia, con sobra de razón, que «es un libro tan profundamente divino como fuertemente humano». Este carácter esencial del libro de Dios hace que nos identifiquemos totalmente con sus escritos. Las palabras de un Dios que nos hablara en términos de divinidad, ignorando nuestra condición humana, no llegarían a despertar nuestros sentimientos, ni siquiera lograrían cautivar nuestra atención. En la Biblia, Dios desciende hasta nuestro propio nivel humano, se pone al alcance de nuestra mente y de nuestro corazón y trata con nosotros en términos que manifiestan el gran interés que

---

50. Citado por Angus y Green. *Los libros de la Biblia.* Madrid 1928, p. 220.
51. Alberto Sánchez, artículo citado, p. 220.

siente por todos nuestros problemas y los medios costosos de que se ha valido para darles solución. San Agustín dijo acertadamente que «para todas las enfermedades del alma proporciona la Sagrada Escritura un remedio».

Todo cuanto pudiéramos escribir para resaltar el hondo sentido de humanidad que adorna las páginas de la Biblia queda magistralmente compendiado en este pasaje del célebre escritor Henry Van Dyke: «Nacida en el Este y revestida de formas y figuras literarias orientales, la Biblia recorre todas las sendas del mundo con pie familiar y penetra en un país tras otro para hallar a los suyos en todas partes. Ha aprendido a hablar al corazón del hombre en centenares de idiomas. Los niños escuchan sus historias con admiración y deleite y los sabios las meditan como parábolas de la vida. Malos y orgullosos tiemblan ante sus amonestaciones, pero para los heridos y los penitentes tienen voz como de madre. Ha compenetrado nuestros sueños más íntimos; de tal manera que el amor, la amistad, la simpatía, la devoción, la memoria y la esperanza lucen el ropaje hermoso de su dorado lenguaje. Ninguno que tenga como suyo este tesoro es pobre o sin consuelo. Cuando oscurece el paisaje y el peregrino tembloroso llega al valle llamado de la sombra, no teme penetrar; toma en su mano la vara y el cayado de la Escritura; dice a amigos y a compañeros: "Adiós, nos veremos otra vez"; y consolado con aquel apoyo, se encamina al paso solitario, como quien anda a través de tinieblas hacia la luz».[52]

En cuanto al Quijote, como libro producido por la mente del hombre, es el más humano de cuantos existen hoy día. La historia del caballero hidalgo es sencillamente conmovedora. Muchas páginas hemos leído y repasado, escritas por diferentes autores, encomiando la humanidad, la ternura, la psicología penetrante de Cervantes en la concepción de sus personajes inmortales. Pero nosotros mismos nos hemos visto obligados a sacar discretamente el pañuelo del bolsillo para enjugar una lágrima rebelde cuando leíamos determinados episodios quijotescos, y sobre todo el genial último capítulo de la célebre novela.

Comentando la derrota de Don Quijote ante el caballero de la Blanca Luna, escribe Navarro y Udesma: «Leamos y releamos esta

52. En *Compendio Manual de la Biblia,* de Henry L. Halley, Costa Rica, p. 19.

aventura y no dejaremos de caer en la cuenta en que modernamente se ha caído del profundo simbolismo que encierran todas sus partes y, sobre todo, las tristes, las dolientes, las desmayadas y flacas palabras del desfallecido y derrotado caballero. Aquí puso Cervantes lo mejor de su corazón, aquí sacó el don de lágrimas, que poseía como pocos escritores de los nuestros. ¡Quién no se siente conmovido al ver derrumbarse en este caso el castillo interior, el ensoñado alcázar de las ilusiones de Don Quijote, y no se compadece de él y de su pobre caballo, cuya flaqueza tiene algo de humana debilidad!».[53]

La Biblia y El Quijote son dos libros profundamente humanos. Ambos describen nuestras miserias, nuestra flaca naturaleza, nuestras tentaciones y claudicaciones, nuestras reacciones terrenas y nuestras vanas promesas de reforma. Los dos penetran en nuestra alma con exquisita sensibilidad, remueven las paredes de nuestro corazón y tratan de despertar nuestros sentimientos a lo bello y a lo noble de la vida. La diferencia está en que mientras el Quijote se limita a analizar nuestra condición humana, la Biblia, después de analizarla por el ojo escrutador de Dios, nos dice cuál es el remedio divino a todas nuestras calamidades humanas: la sangre vertida por Cristo Jesús en la Cruz del Calvario para nuestra redención.

UNIVERSALIDAD

Tanto la Biblia como el Quijote son libros que ejercen influencia universal. El primero está traducido a más de mil cien idiomas y dialectos y el segundo va detrás de la Biblia en la lista de libros conocidos y, por tanto, en cabeza de las producciones literarias compuestas por autores humanos. Según Luis Astrana Marín, ha sido traducido a unos cuarenta idiomas.

La influencia que la Biblia ha venido ejerciendo en la conciencia de la humanidad, nunca podrá ser ponderada lo suficiente ni historiada con exactitud precisa. Desde tiempos remotos, la Biblia ha venido guiando nuestra vida y nuestra historia. Venciendo tormentas de odio, apaciguando tempestades de controversia, llevando la civi-

---

53.- Francisco Navarro y Ledesma. *El Ingenioso Hidalgo Miguel de Cervantes Saavedra.* Argentina 1948, p. 327. Colección Austral.

lización a las extrañas tierras y la paz a los hogares civilizados, la Biblia ha venido sobreviviendo a las convulsiones de los siglos, venciendo en cuantos conflictos intelectuales hubo de intervenir y llegando a nuestros días más entronizada que nunca en la conciencia del hombre, como un faro luminoso que penetra las tinieblas de nuestra época.

De Norte a Sur y de Este a Oeste, en las grandes y pequeñas naciones, en las ciudades y aldeas, en los lugares poblados y en las regiones más apartadas, la Biblia ha venido ejerciendo su bienhechora influencia y dejando por los campos y por los mares el suave aroma de su mensaje de redención. Las naciones más cultas son aquellas que se rigen por sus principios, y si el cristianismo que hoy se practica no es más positivo, se debe a que no se sigue el texto de la Biblia con la necesaria fidelidad. Los pueblos serán cristianos solo en proporción directa a la atención que presten a las enseñanzas de la Biblia. Bien lo dijo el gran Sarmiento: «La lectura de la Biblia echó los cimientos de la educación popular, que ha cambiado la faz de las naciones que la poseen».

Al empezar el capítulo sobre Don Quijote en un libro dedicado a Cervantes, Paolo Savj López escribe:

«Desde hace más de trescientos años vive Don Quijote. Erguido sobre la silla de Rocinante, escuálido e inmortal, mira ante sí con ojos profundos, absorto en sus sueños, campeón vencido de la invencible quimera. Mira y no ve más que a sí mismo, y no encuentra en todos los aspectos del mundo más que la reverberación ardiente de su vida interior, el fúlgido resplandor de la llama en que arde su espíritu.

»Y los hombres, a su vez, desde hace más de trescientos años, contemplan a Don Quijote. Pero Don Quijote puede todavía enseñar mucho a quien quiera seguirlo, con humildad de espíritu y con amor, en sus andanzas aventureras.»[54]

En el curso de estos siglos, la figura del Ingenioso Hidalgo ha dado la vuelta al mundo y su fama se ha extendido a todos los países cultos. Con el libro en nuestro equipaje y el espíritu quijotesco en el alma, los españoles hemos recorrido los caminos del mundo como

54. Paolo Savj López. *Cervantes*. Editorial Calleja, Madrid, p. 71.

eternos peregrinos de nuestro ideal: orgullosos, cuando vencíamos a los vizcaínos de otros continentes; mohínos, pero siempre animosos, cuando nos apaleaban los yangüeses esos; rebeldes y encorajadizos, cuando equivocábamos nuestro objetivo y arremetíamos sin quererlo contra los indefensos escuadrones. Evocando a nuestra Dulcinea Patria y encomendándonos a ella cuando queríamos cumplir su encomienda, los españoles hemos paseado nuestro quijotismo por los más apartados rincones del planeta, y con nuestros bolsillos llenos de ejemplares hemos ido regalando libros y, con los libros, influencia histórica, cultural, humana, etc., a las naciones que hallábamos al paso, aunque mal les pesara de recibir estos tesoros de nuestras manos, viéndonos rotos y remendados, sucios por el polvo de nuestro continuo caminar.

Entre nosotros y fuera de nosotros, con nuestro comportamiento colectivo y con el esfuerzo intelectual de unos pocos, que se han venido dedicando pacientemente a esparcir la luz que pedía Menéndez y Pelayo sobre las páginas del Quijote, este sano libro compuesto por una naturaleza enfermiza ha cautivado los corazones humanos. Muy acertado nuestro Ramón y Cajal: «Cuando un genio literario acierta a forjar una personificación vigorosa, universal, rebosante de vida y de grandeza y generadora en la esfera social de grandes corrientes del pensamiento, la figura del personaje fantástico se agiganta, trasciende los límites de la fábula, invade la vida real y marca con sello especial e indeleble a todas las gentes de la raza o nacionalidad a que la estupenda criatura espiritual pertenece. Tal ha ocurrido con el héroe del libro de Cervantes».[55]

SINCERIDAD

Son pocos los libros que revisten en sus páginas la sinceridad pura que se advierte en la Biblia y en El Quijote.

La sinceridad de la Biblia es un argumento valioso en favor de su inspiración. Los autores humanos que intervienen por disposición divina en la redacción de las sagradas páginas, jamás ocultaron sus caídas ni sus debilidades, bien que hubieran podido hacerlo. Por

55. En *De Crítica Cervantina,* Madrid 1917, p. 28.

nuestra parte, no conocemos ninguna autobiografía donde su autor revele al mundo sus propios pecados. Cuando en esta clase de libros el autor señala alguna falta contra sí mismo, en general lo hace con la pensada intención de sacarle partido; de otra forma, a buen seguro que la ocultaría.

No así los autores bíblicos. Moisés, en el Pentateuco, habla de la grandeza de fe en Abraham, pero cita también sus errores y claudicaciones. A Jacob le cupo el inigualable privilegio de luchar con el mensajero divino, pero sus engaños y malas artes se consignan asimismo en el inspirado relato. El mismo Moisés, haciendo de historiador fiel y sincero, no oculta sus momentos débiles y las sombras de duda que en ocasiones empaparon su firme convicción religiosa. Estas mismas dudas y desalientos se dieron en gigantes de fe como Samuel, Job, Isaías, Jeremías, David, Salomón y otros muchos. Y todo ello está escrupulosamente anotado en los divinos escritos. Otro tanto ocurre en el Nuevo Testamento, donde los Apóstoles y Evangelistas no silencian en absoluto sus caídas, sus pequeñeces, sus debilidades humanas, sus ambiciones, sus egoísmos y hasta sus miserias.

Los escritos bíblicos no callan sus defectos ni se pintan a sí mismos intachables, cuando hubieran podido hacerlo. Se describen tal y como fueron, sin retoques, sin atenuantes de ninguna clase, con franca y abierta sinceridad. Esto hizo decir a Carlyle que la Biblia «es la expresión más fiel que jamás haya vertido en letras del alfabeto el alma del hombre».

Otro tanto ocurre con El Quijote. La teoría sobre la hipocresía de Cervantes no ha sido lo suficientemente analizada. Para determinar este espinoso problema haría falta estudiar dónde empieza y dónde termina la hipocresía; se precisaría un análisis concienzudo que nos mostrara hasta qué grado somos hipócritas cuando en nuestros escritos nos abstenemos de revelar totalmente nuestro pensamiento sobre las ideas y las cosas o cuando damos esos pensamientos un tanto confusos, ya por conveniencias que nos callamos, ya con la deliberada intención de confundir. Cuando puntualizamos sobre un tema con cierta reserva, porque conocemos bien las malas intenciones del prójimo no se nos puede decir que estemos fingiendo. En modo alguno. Se trata de simple precaución, que se haría innecesaria si los demás gozaran de la salud mental que creemos poseer.

Hipocresía, es decir, «fingimiento de cualidades o sentimientos contrarios a los que se tienen o experimentan», nunca se dio en Cervantes. ¿Por qué iba a fingir cualidades cuando demostró tan cumplidamente que las poseía? ¿Para qué darnos una imagen equivocada de sus sentimientos, si nos convenció de la limpieza y bondad de los mismos en el curso de toda su vida y muy especialmente durante su cautiverio en Argelia, rodeado de odios, maquinaciones viles, traiciones y sufrimientos sin medida? Tuvo Cervantes los defectos propios de todo ser humano y es locura endiosarle y ensalzarle hasta lo ideal. Pero hipócrita no fue nunca. Su actuación en la vida fue siempre sincera y es esta sinceridad la que llena las páginas de su obra genial.

Como ocurre en la Biblia con sus héroes principales, en El Quijote no se ocultan los palos que sufrió el caballero, ni el manteamiento de Sancho, ni las humillaciones de hidalgo y escudero. Todo se registra con escrupulosa puntualidad. Y aunque ello es necesario para la trama general de la obra y para el fin que con ella se persigue, es una señal de la sinceridad con que Cervantes creó y revistió a sus personajes. El caballero manchego es sincero en todas sus actuaciones: sincero en los momento de cordura y sincero cuando disparata. Y cuando el eclesiástico se atreve a poner en duda la realidad de su ministerio caballeresco, llamando a Don Quijote «don Tonto», éste se pone «con semblante airado y alborotado rostro», impidiendo el «justo enojo» del caballero «el lugar y la presencia» ante quien se halla. Que si no fuera eso, él daría buena cuenta de quien así dudaba de su sinceridad y de la irrenunciable conciencia de su misión.

De la verdad, sinceridad y el alto concepto que de su ideal tenía Don Quijote –espejo y reflejo de su creador–, habló el gran escritor ruso Ivan Tourgueneff en una conferencia que pronunció sobre Hamlet y Don Quijote el 10 de enero de 1860: «Don Quijote –dice Tourgueneff– está por entero penetrado de la lealtad de su ideal y para servir a ese ideal está dispuesto a sufrir todas las posibles privaciones, a sacrificar la vida. Él estima su propia vida solo en la medida que ella puede servir como medio para la realización de su ideal, que consiste en implantar la verdad y la justicia sobre la tierra».

IMPENETRABILIDAD

La Biblia puede parecernos un libro deliciosamente ameno o extremadamente aburrido. Puede resultarnos un libro abierto, sin ninguna clase de secretos, o podemos juzgarlo impenetrable, de difícil comprensión. Un muchachito puede entender perfectamente el mensaje central de la Biblia y el filósofo más profundo luchará en vano por comprender su contenido. Esta paradoja se da en la Biblia porque no es un libro adaptable a todas las mentalidades.

Ni Voltaire, ni Renán, ni Rousseau, ni otros que profesaron sus mismas ideologías, pudieron jamás comprender en toda su pureza el lenguaje de la Biblia, pese a la sabiduría y erudición que desplegaron. Ello se debe a que el examen de la Biblia ha de hacerse con una mente espiritual. Cuando se trata de profundizar y comentar los pasajes bíblicos, la sabiduría humana resulta una inutilidad. En la Biblia hay «sabiduría divina, misteriosa, escondida, predestinada por Dios antes de los siglos para nuestra gloria» (1ª Corintios 2:7). Pero el perfume de esta sabiduría solamente puede aspirarse cuando se tiene una mente regenerada y se está en contacto con Dios por la oración. El ateo, el hombre carnal, el que solamente se ocupa de la materia, que Pablo llama hombre animal, «no percibe las cosas del Espíritu de Dios; son para él locura y no puede entenderlas, porque hay que juzgarlas espiritualmente» (1ª Corintios 2:14).

El creyente más ignorante, pero que haya sentido en su alma la regeneración espiritual, esa transformación de los sentimientos y de la voluntad, que en la Biblia se define como el nuevo nacimiento, está espiritualmente capacitado para comprender el mensaje esencial; mientras que los sabios según el mundo, en cuyo corazón no se haya producido la regeneración espiritual, fracasarán totalmente en la lectura de la Biblia y en su intento de explicarla. Y esto es así porque «eligió Dios la necedad del mundo para confundir a los sabios y eligió Dios la flaqueza del mundo para confundir a los fuertes; y lo plebeyo, el desecho del mundo, lo que no es nada, lo eligió Dios para destruir lo que es, para que nadie pueda gloriarse ante Dios» (1ª Corintios 1:27-29).

En la Biblia hay muchas, muchísimas cosas que podemos comprender perfectamente si gozamos de la suficiente salud espiritual.

Todo lo que concierne a nuestra salvación y a las grandes y fundamentales doctrinas del cristianismo está claro en la Biblia. Pero hay otras cosas que nunca la mente del hombre podrá entender, por mucho que se esfuerce y por muy grande que sea la fiebre de interpretación que invada su cerebro.

Es muy importante y se ha de tener siempre en cuenta el principio del Deuteronomio acerca de las cosas reveladas y ocultas de la Biblia. Así se lee que «las cosas ocultas son para Yavé, pero las reveladas son para nuestros hijos por siempre» (Deuteronomio 29:29).

Dios ha puesto límite a nuestro grado de conocimiento bíblico y es una insensatez el querer ir más allá de ese límite con especulaciones e interpretaciones aventuradas unas veces, descabelladas otras, casi siempre sacrílegas. Como le ocurría a Pedro, hay cosas que ahora no podemos entender, pero que entenderemos después, al final de nuestro viaje, cuando arribemos a las playas del espíritu, a la final morada de Dios. «Ahora vemos por un espejo y oscuramente, entonces veremos cara a cara» (1ª Corintios 13:12).

Parodiando la hipérbole evangélica, podemos decir que si juntáramos cuantos comentarios de todo género se han escrito sobre la Biblia a través de los siglos, no cabrían en el mundo tantos libros. Pero aún queda mucho por explotar en el texto sagrado, muchos misterios que desentrañar y muchas bellezas por descubrir. Cuanto más alto sea nuestro nivel espiritual, tanto más profundamente penetraremos y comprenderemos las páginas de la Biblia. La oración, la devoción y el acercamiento continuo a Dios nos permitirán deshojar los pétalos olorosos del rosal bíblico, ya que la palabra de Dios, según frase de Víctor Hugo, es como una flor olorosa, que cuanto más se frota más perfume desprende.

Parecidas características se dan en El Quijote. Se han escrito multitud de comentarios e introducciones para guiar al lector por las páginas del libro genial, pero con todo eso El Quijote continúa siendo un libro cerrado para determinadas mentalidades. Escritores de todas las épocas, desde la aparición del Quijote, han incurrido en graves errores de interpretación y han emitido juicios desgraciadísimos porque se han puesto a hacer de críticos sin estar compenetrados del espíritu del libro. Víctor Hugo decía que el secreto de este libro es preciso abrirlo con una llave que se pierde con frecuencia.

Lectores que no ven más allá de sus narices, cultos e ignorantes, españoles y extranjeros, han abandonado la primera lectura del Quijote con una sensación de fastidio y de cansancio, burlados y corridos con las burlescas historias cervantinas. Fiando nada más que en la literalidad del texto, han creído absurdas las pendencias de Don Quijote, se han escandalizado con las salidas de tono de Sancho y han considerado aburridas y cansinas las narraciones del historiador. No han sabido penetrar en el interior de Cervantes con esa delicada intuición con que Cervantes supo penetrar en el corazón del hombre. No han comprendido las risas ni las lágrimas de Cervantes, y, al ignorar al genio creador, la grandeza de la fábula no los ha conmovido en absoluto. Dar El Quijote a estas mentalidades es como echar perlas a los puercos, según el aforismo evangélico.

El Quijote ha sufrido, como muy pocos libros, los análisis más severos y ha sido objeto de enconadas disputas. Los atormentados comentadores del Quijote, como los llama Unamuno, se han dedicado a desmenuzar ávidamente el texto cervantino y a emitir juicio sobre ésta o aquella frase, hallando aquí una contradicción, señalando allá un sentido oculto, viendo en la genial obra de Cervantes lo que el propio autor ignoraba. Pero este delirio de interpretaciones y cábalas en torno a un libro que, por otro lado, como la Biblia, es sencillo y ameno, no hace más que poner de manifiesto la gran verdad que han venido señalando buenos y autorizados cervantistas. Se requiere un espíritu sensible para penetrar en esa obra de tan alto valor humano y se necesita también comprender la mente de quien le dio la vida. Y aun así, siempre existirán en el libro inmortal pasajes enigmáticos cuya comprensión no será posible hasta que nos hallemos frente a Cervantes en ese lugar de descanso eterno donde creemos que reposa feliz el que vivió infeliz entre nosotros.

Según Bonilla y San Martín,[56] fue José Cadahalso el primero en llamar la atención acerca del sentido oculto del Quijote. En sus *Cartas marruecas* este escritor dice: «En esta nación (España) hay un libro muy aplaudido por todas las demás. Le he leído y me ha gustado, sin duda; pero no dexa de mortificarme la sospecha de que el sentido literal es uno y el verdadero es otro muy diferente. Ninguna obra

---

56. Obra citada, Madrid 1917, p. 28.

necesita más que ésta del Diccionario de Nuño. Lo que se lee es una serie de extravagancias de un loco, que cree que hay gigantes, encantadores, etc.; algunas sentencias en boca de un necio y muchas escenas de la vida bien criticadas; pero lo que hay debaxo de esta apariencia es, en mi concepto, un conjunto de materias profundas e importantes».

Estas materias profundas e importantes van desentrañándose con el correr de los años. Estudiosos y sinceros admiradores de Cervantes emplean horas y horas de trabajo para ir descifrando aquellas partes del texto cervantino que aún no están muy claras. Estos son los hombres espirituales de la Biblia. Este trabajo paciente y laborioso no es en vano. Como dijera Bartolomé José Gallardo,[57] «El Quijote es una mina inagotable de discreciones y de ingenio, y esta mina, aunque tan beneficiada en el presente y en el pasado siglo, admite todavía grande laboreo.

»¡Es mucho libro éste! Comúnmente se le tiene por un libro de mero entretenimiento, y no es sino un libro de profunda filosofía».

AMOR A LA HUMANIDAD

En síntesis, la Biblia no es otra cosa que la revelación del amor que Dios siente hacia la humanidad pecadora, a pesar de serlo. Toda la historia de la Biblia gira alrededor de esta verdad, que la experiencia de los siglos ha confirmado. El versículo clave de las Escrituras, llamado la Biblia en miniatura, expone con diáfana claridad la grandeza del amor divino y las pruebas que atestiguan la realidad de ese amor: la entrega de Jesucristo como víctima expiatoria por nuestros pecados. Desde la primera a la última página de las Escrituras, un hilo de sangre corre a través de toda la Biblia hablándonos de la redención que Cristo ha obrado a nuestro favor, merced al amor infinito de un Dios que también lo es. «Porque tanto amó Dios al mundo, que le dio su Unigénito Hijo, para que todo el que crea en Él no perezca, sino que tenga la vida eterna» (Juan 3–16).

Razón sobrada asiste a Don Quijote cuando dice que aunque los atributos de Dios son todos iguales, más resplandece y campea el

---

57. Mencionado por Astrana Marín, estudio citado, p. 56.

de la misericordia que el de la justicia. Cuando más sumidos estábamos en el pecado, cuando nuestra rebeldía hacia las cosas divinas se había acentuado más, cuando Dios era solamente un nombre muerto en los labios sin vida de la muerta humanidad, no fue la justicia de Dios –que indudablemente merecíamos– la que se dejó manifestar, sino la misericordia. Su amor. En lugar de darnos el castigo que nuestros hechos merecían, Dios nos dio una prueba contundente y definitiva de su amor, enviando a su Hijo a morir por nuestros pecados. «La caridad-amor de Dios hacia nosotros se manifestó en que Dios envió al mundo a su Hijo unigénito para que nosotros vivamos por Él.» Y hemos de tener en cuenta que la iniciativa partió de Él, de Dios. Él fue el primero en amarnos. Nos amó cuando en nuestros corazones no había más que indiferencia, rebeldía y hasta odio hacia su persona. Con razón dice de nuevo Juan: «En esto está la caridad, no en que nosotros hayamos amado a Dios, sino en que Él nos amó y envió a su Hijo, víctima expiatoria de nuestros pecados» (1ª Juan 4:9-10).

Mientras la Biblia exista, la humanidad no podrá considerarse huérfana de amor. Los hombres se podrán engañar unos a otros y unos a otros se podrán quitar la vida; las ingratitudes y las maquinaciones humanas podrán conducirnos a la desesperación; perderemos la confianza en nuestros amigos íntimos y en nuestros familiares; deambularemos de un lugar para otro hastiados de todo, de todo cansados, como el fantástico Gog, creado por la no menos fantástica imaginación de Papini; llegaremos a asquearnos de la sociedad y de nosotros mismos; pero siempre, en todo momento, sea cual fuere nuestro estado de ánimo o nuestra posición social, la Biblia tendrá para nosotros el mismo mensaje de amor que nos hará reaccionar, restando fealdad a la vida y a las cosas y presentándonos las bellezas que no supimos admirar en ellas. Llenará nuestro corazón de amor y, bajo este nuevo prisma, todo se nos antojará diferente.

Sí, la Biblia es el libro más grande que el mundo ha conocido, porque nos revela el más grande de los amores al que podemos aspirar: el amor de Dios, manifestado en la persona de su Hijo Jesucristo, Señor y Salvador de nuestras almas, Redentor de nuestras vidas y Consolador de todas nuestras miserias.

¿Y qué podemos decir aquí del Quijote? ¿Cómo compararlo a la Biblia en este aspecto? Si la Biblia es la revelación del amor de

Dios a la humanidad caída, El Quijote es la revelación del amor que un hombre maltratado sintió por sus semejantes. En un sentido, el amor de Cervantes por sus iguales es una consecuencia del amor de Dios. En las páginas de la Biblia aprendió Cervantes a amar a Dios y aprendió también a orientar su amor hacia abajo, hacia la tierra, hacia los hombres, tal como aconseja el libro sagrado.

Y el gran mandamiento bíblico, que nos ordena amar a nuestros semejantes después de hacerlo a Dios, lo cumplió el caballero alcalaíno y dejó testimonio de este cumplimiento en las páginas de su novela, donde revela el gran amor que sentía hacia ricos y pobres, grandes y chicos, sabios e ignorantes. El suyo fue un amor humano, imperfecto, sujeto a las limitaciones naturales, pero amor al fin, amor de hombre.

La vida de Cervantes fue una entrega continua en favor del necesitado y un continuo sacrificio en beneficio de corazones desagradecidos. El amor está viviente en su pecho de héroe, y «a despecho de la trabajosa vida que le atormentaba», siempre se hallaba impulsado por el mismo pensamiento: hacer bien aunque le pagasen mal; ver la forma de aliviar las miserias ajenas aunque fuese a costa de las propias. Abrazado a la humanidad, silenciando sus pecados, Cervantes le envía desde El Quijote este mensaje de amor: «¡Hermanos míos, os quiero a pesar de todas vuestras culpas!». «Es como la madre que corrige al hijo, a quien ama, y, mientras con una mano levanta los azotes que lo castigan, con la otra seca las lágrimas que le hacen derramar.»[58] «Don Quijote –ha dicho Ramiro de Maeztu– es el prototipo del amor, en su expresión más elevada de amor cósmico, para todas las edades.»[59]

El de Cervantes no es el amor de un Dios que se entrega en holocausto para redimir a la humanidad culpable, ni el Quijote es el testimonio histórico y científico de una verdad irrecusable, que nos confirma la existencia de ese amor, tal cual ocurre con la Santa Biblia. En cambio, sí podemos asegurar que Cervantes, con su vida limpia, con su comportamiento generoso, con su paciente resignación, nos dio

---

58. Samuel Taylor, mencionado por Astrana Marín. Estudio citado.
59. Ramiro de Maeztu. *Don Quijote, Don Juan y La Celestina.* Argentina 1952. Colección Austral, p. 72.

a todos una magistral lección de amor, de amor fraterno. Nos amó hasta donde puede amar un hombre. Supo penetrar en las flaquezas de nuestra carne y remover nuestros dormidos sentimientos, mostrándonos cuánto nos amaba y diciéndonos cuánto hemos de amar.

Cerrando el último capítulo de su reciente libro sobre la filosofía del Quijote, Agustín Basave comenta: «Don Quijote amó sin transigir. Amó desinteresadamente la justicia, sin motivos espúreos, sin segundas intenciones. La lucha contra la adversidad, parece enseñarnos Cervantes con su Quijote, no es una simple tragedia, sino un privilegio del hombre. Y esta locura esplendente –incurable en los verdaderos héroes–, no es infecunda. No es infecunda porque ellos, o sus continuadores, insertan sobre la vida material el orden ideal».[60]

Otros puntos de comparación podríamos establecer entre la Biblia y El Quijote, pero bastan los reseñados. Cada uno de ellos, desde sus respectivas esferas, a lo divino el uno y el otro a lo humano, siguen triunfantes su marcha por los caminos polvorientos de los siglos, proyectando su luz sobre la conciencia dormida del hombre. La Biblia, golpeando nuestros corazones con el martillo de Dios, tratando de despertar nuestra conciencia cauterizada a las verdades del más allá, gloriosas e imperecederas; el Quijote, mostrándonos el ejemplo a seguir en esta tierra de contradicciones, donde tantos odios, intrigas y envidias nos acechan. Su lectura debe dejar en nosotros la firme determinación de vivir por encima de todas esas pequeñeces y miserias humanas. Y si en nuestros corazones nace el deseo de aventuras, vayamos, sí, a buscar el sepulcro de Don Quijote. Vayamos a «rescatarlo de bachilleres, curas, barberos, canónigos y duques»; pero antes tratemos de librar «el sepulcro de Dios y rescatarlo de creyentes e incrédulos, de ateos y deístas, que lo ocupan, y esperan allí dando voces de suprema desesperación, derritiendo el corazón en lágrimas, a que Dios resucite y nos salve de la nada».[61]

Cerraremos esta primera sección de nuestro libro con las palabras del eclesiástico anónimo a quien nos referimos en este mismo capítulo, que con el pseudónimo de Plutarco publicó el artículo ya

60. Agustín Basave, obra citada, p. 276.
61. Miguel de Unamuno. *Vida de Don Quijote y Sancho.* Colección Austral, Madrid 1956, p. 19.

citado sobre la Biblia y El Quijote. «Leamos El Quijote –dice–, que es el libro español por excelencia, y leamos aun más todavía la Biblia, que es el libro de Dios, libro prodigioso que cuando los cielos se replieguen sobre sí mismos, como dijo Donoso Cortés, y la tierra padezca desmayos y el sol recoja su lumbre y se apaguen las estrellas, permanecerá él sólo con Dios, porque es su eterna palabra resonando eternamente en las alturas.»

SECCIÓN SEGUNDA
de
EL QUIJOTE Y LA BILIA

Parte Primera
de
El Quijote

Prólogo

Y tienes tu alma en tu cuerpo y tu libre albedrío como el más pintado.

No podemos afirmar que este pasaje sea una cita ni aun una referencia de la Biblia; pero sí pone de manifiesto dos grandes doctrinas bíblicas relacionadas ambas con nuestra personalidad espiritual: la posesión de un alma espiritual dentro de la materia de que está formado nuestro cuerpo y nuestro libre albedrío que nos faculta para decidir entre el bien o el mal. Parece como si Cervantes, al empezar su monumental obra literaria, quisiera poner ya desde el principio los fundamentos de sus creencias.

En efecto; la Biblia enseña que el hombre está dotado de cuerpo y alma, según la declaración del Génesis: «Entonces formó Yahvé Dios al hombre del polvo de la tierra e insufló en sus narices un soplo de vida, y fue el hombre alma viviente» (Génesis 2:7. V. Montserrat).

Por otro lado, el libre albedrío es una facultad humana otorgada por voluntad divina. Dios no quiso crear un mundo de autómatas. Dio vida y con la vida libertad. Creó a unos seres para que éstos fuesen libres, como libre es el viento, y en esa libertad erigiesen voluntariamente sus destinos temporales y labrasen sus futuros eternos. Así lo pone de manifiesto por medio de Moisés: «Yo invoco hoy por testigos a los cielos y a la tierra, de que os he propuesto la vida y la muerte, la bendición y la maldición. Escoge la vida para que vivas tú y tu descendencia» (Deuteronomio 30:19).

* * *

¡Pues, qué, cuando citan la Divina Escritura! No dirán sino que son unos santos Tomases y otros doctores de la Iglesia.

Tres veces en este prólogo Cervantes llama a la Biblia «Divina Escritura», distinguiéndola de los demás libros escritos por autores humanos. El glorioso Manco había aprendido de Pablo que «toda Escritura es divinamente inspirada» (2ª Timoteo 3:16).

* * *

Si de la amistad y amor que Dios manda que se tenga al enemigo, entraros luego al punto por la Escritura divina, que lo podéis hacer con tantico de curiosidad y decir las palabras, por lo menos, del mismo Dios: «Ego autem dico vobis: diligite inimicos vestros».

La cita latina corresponde a uno de los más importantes mandamientos del Señor Jesús, donde resume la Ley y los escritos proféticos del Antiguo Testamento: «Habéis oído que fue dicho: Amarás a tu prójimo y aborrecerás a tu enemigo. Pero yo os digo: Amad a vuestros enemigos y orad por los que os persiguen» (Mateo 5:43-44).

* * *

Si tratáredes de malos pensamientos, acudid con el Evangelio: «De corde exeunt cogitationes malae».

La Biblia habla del corazón como el asiento del pensamiento, de la voluntad y de las emociones. De ahí que Nuestro Señor afirmara que «del corazón provienen los malos pensamientos, los homicidios, los adulterios, las fornicaciones, los robos, los falsos testimonios, las blasfemias» (Mateo 15:19).

* * *

> *En lo que toca al poner anotaciones al fin del libro, seguramente lo podéis hacer desta manera: si nombráis algún gigante en vuestro libro, hacedlo que sea el gigante Golías, y con solo esto, que os costará casi nada, tenéis una grande anotación, pues podéis poner: El gigante Golías fue un filisteo a quien el pastor David mató de una gran pedrada en el valle de Terebinto, según se cuenta en el libro de los Reyes, en el capítulo que vos halláredes que se escribe.*

El primer libro de los Reyes, que los modernos traductores de la Biblia titulan muy propiamente primero de Samuel, describe la historia del gigante Goliat en su capítulo 17.

Fue Goliat uno de los cinco hijos de un gigante de Gat, ciudad cuyos habitantes escaparon en su mayor parte a la aniquilación llevada a cabo por Josué en toda la tierra de Canán. Al desafiar a los ejércitos israelitas, Goliat fue combatido y muerto por el joven David.

Clemencín observa que el lugar donde se libró la desigual batalla no debe llamarse «valle de Terebinto» –así consta en las Escrituras–, «porque terebinto no es un nombre de lugar, sino de un árbol propio de países meridionales».

Cervantes vuelve a tratar de Goliat en el primer capítulo de la segunda parte de *El Quijote*, y se muestra un tanto desafortunado al darnos la estatura del gigante, de quien dice que «tenía siete codos y medio». La Biblia no menciona tanto. El texto hebreo del Antiguo Testamento afirma que «tenía de talla seis codos y un palmo», y aun a esto observa Nácar-Colunga que «el texto griego nos da solo cuatro codos en vez de los seis, y esta lección parece preferible. Es tendencia de los copistas aumentar lo maravilloso».

De todas formas, su estatura causaba espanto a los soldados de Israel, indisciplinados y desarmados. David mostró no solamente su valentía al enfrentarse al gigante, sino sobre todo su confianza en Dios, al responder a las palabras de desafío de Goliat: «Tú vienes contra mí con espada, y lanza, y venablo, pero yo voy contra ti en el nombre de Yavé de Sebaot, Dios de los ejércitos de Israel, a los que has insultado» (versículo 45).

Capítulo I

Y así, del poco dormir y del mucho leer se le secó el cerebro, de manera que vino a perder el juicio.

«Perdió Alonso Quijano el juicio para ganarlo en Don Quijote: un juicio glorificado.» También lo perdió aquel otro caballero andante, predicador de los gentiles, para ganarlo iluminado por el resplandor divino. Perdió el juicio Saulo de Tarso, furibundo perseguidor de la Iglesia, para ganarlo en el apóstol Pablo, fiel testigo de la verdad evangélica.

La locura de ambos caballeros, locura cuerda, heroica, tuvo un origen común: las muchas letras. Tras defenderse valientemente ante el rey Agripa, Pablo fue increpado en voz alta por Festo con las siguientes palabras: «Tú deliras, Pablo. Las muchas letras te han sorbido el juicio» (Hechos de los Apóstoles 26:24).

* * *

Limpias, pues, sus armas, hecho del morrión celada, puesto nombre a su rocín y confirmándose a sí mismo, se dio a entender que no le faltaba otra cosa sino buscar una dama de quien enamorarse, porque el caballero andante sin amores era «árbol sin hoja y sin fruto» y cuerpo sin alma.

La frase entrecomillada está tomada de la Epístola de San Judas. Describiendo el carácter impío de los falsos maestros religiosos, el apóstol les aplica, entre otros epítetos, el de «árboles tardíos sin frutos, dos veces muertos, desarraigados» (Judas 12).

Capítulo V

Yo sé quién soy —respondió Don Quijote– y sé que puedo ser no solo los que he dicho, sino todos los doce Pares de Francia, y aun todos «los nueve de la Fama».

En estos nueve de la Fama figuran tres gentiles: Alejandro, Héctor y Julio César; tres cristianos: el rey Artús, Carlomagno y Godofredo de Buillón, y tres personajes bíblicos: Josué, distinguido caudillo hebreo y sucesor de Moisés, cuyas hazañas se relatan en el libro que lleva su nombre; David, uno de los hombres más notables en la historia del pueblo hebreo. Fue el segundo rey de Israel, sucediendo en el trono a Saúl. Su vida se halla ampliamente detallada a partir del capítulo 16 del Libro 1º de Samuel hasta el capítulo 2 del Libro 1º de los Reyes. Se destacó notablemente en la música y en la poesía, hasta tal punto que, según opinión de un célebre escritor contemporáneo, sus «Salmos penitenciales», con una gran riqueza de imágenes todos ellos, merecerían hoy el premio Nobel de Literatura.

El tercer personaje bíblico es Judas Macabeo, valiente guerrero hebreo, uno de los siete hermanos Macabeos, cuyas guerras civiles y nacionales constituyen el argumento de los dos libros titulados primero y segundo de Macabeos, proclamados libros canónicos por el Concilio de Trento el día 8 de abril de 1546.

* * *

Encomendados sean a Satanás y a Barrabás tales libros.

Los nombres de Satanás y de Barrabás se repiten en otros capítulos de *El Quijote*. Satanás o Satán, significa adversario, enemigo, y el nombre se emplea para designar al enemigo de nuestras almas, al diablo, caído de su estado angélico por su rebeldía a la voluntad divina (Isaías 14:12). Bajo sus diversos nombres se cita más de cien veces en la Biblia. Con el nombre de Satán aparece por primera vez en el libro de Paralipómenos o Crónicas, en el capítulo 21 en su versículo 1: «Alzóse Satán contra Israel e incitó a David a hacer el censo de Israel».

Barrabás es uno de los personajes más importantes en la pasión del Señor. Este malhechor fue el primer ser humano que se benefició de la muerte del Señor en la cruz, y representa a la humanidad condenada en la cárcel del pecado por la que Cristo vierte su sangre y entrega su vida. Dirigiéndose a los judíos que esperaban fuera del Pretorio la sentencia definitiva contra Jesús de Nazaret, el presidente romano, en un nuevo e ingenioso arbitrio para salvar al Maestro, les preguntó: «¿Queréis que os suelte al Rey de los judíos?»; a lo que respondió la enfervecida multitud: «¡No a éste, sino a Barrabás! Era Barrabás un bandolero» (Juan 18:40).

Capítulo VI

Esa oliva se haga luego rajas y se queme, que aún no queden decía las cenizas, y esa palma de Inglaterra se guarde y se conserve como a cosa única y se haga para ella otra caja como la que halló Alejandro en los despojos de Darío, que la disputó para guardar en ella las obras del poeta Homero.

Darío Codomano, llamado en la Biblia «Darío Persa» (Nehemías 12:22), fue uno de los reyes persas más valientes y generosos. Su corto reinado se profetiza en el libro de Daniel, donde se describe a Alejandro el Grande en las figuras de macho cabrío y de leopardo con cuatro alas avanzando rápidamente al frente de su ejército. Alejandro derrotó varias veces a Darío, y finalmente destruyó la monarquía persa a los doscientos seis años de su establecimiento. Darío murió a mano de sus propios generales.

Cuenta Clemencín que «Alejandro el Grande fue tan aficionado a la *Ilíada*», de Homero, que según cuenta Plutarco en la vida de este príncipe, solía tenerla junto con su espada debajo de la cabecera en que dormía. Habiéndose encontrado entre los despojos del rey Darío una caja riquísima guarnecida de oro, perlas y otras piedras preciosas, Alejandro la destinó para guardar en ella los libros de Homero».

* * *

Y como se enmendaran, así se usara con ellos de misericordia.

Este lenguaje del cura nos recuerda al Evangelio. El Señor Jesús pregunta a un «doctor de la Ley: ¿Quién, pues, de estos tres te parece que fue el prójimo de aquel que cayó en manos de los ladrones?, a lo que éste responde: El que usó con él de misericordias» (Lucas 10:3-37)".

Capítulo VIII

–Bien parece –respondió Don Quijote– que no estás cursado en esto de las aventuras: ellos son gigantes, y si tienes miedo, quítate de ahí y ponte en oración en el espacio que yo voy a entrar con ellos en fiera y desigual batalla.

Esta petición del caballero andante a su escudero recuerda uno de los episodios más profundos y misteriosos en la vida de Nuestro Señor: su agonía en el huerto de Getsemaní. Allí, el Hijo de Dios libró una «fiera y desigual batalla» contra su adversario el diablo. Preparado ya para la lucha, dispuesto con las armas de la oración y del completo sometimiento a la voluntad del Padre, el Maestro se hace acompañar por sus tres íntimos: Pedro, Santiago y Juan, y les dice, con intención de adentrarse Él solo en la espesura del huerto: «Permaneced aquí y velad» (Marcos 14:34).

Capítulo X

–Pues no tenga pena, amigo –respondió Don Quijote–, que «yo te sacaré de las manos de los caldeos», cuanto más de las de la Hermandad.

En algunos libros del Antiguo Testamento son frecuentes las amenazas de Jehová de entregar al pueblo de Israel en manos de los caldeos. Así, por ejemplo, en el libro de Jeremías leemos: «Yo te entregaré en manos de los que buscan tu vida, en manos de aquellos a quienes temes, en manos de Nabucodonosor, rey de Babel, en manos de los caldeos» (Jeremías 22:25).

* * *

Yo hago juramento al Criador de todas lo cosas...

Es seguro que Cervantes conocía la absoluta prohibición de Jesús tocante al juramento: «No juréis de ninguna manera: ni por el cielo, pues es el trono de Dios, ni por la tierra, pues es el escabel de sus pies» (Mateo 5-34:35). Pero el juramento de Don Quijote no entra en esta prohibición, ya que el caballero manchego no lo hace en ese sentido vulgar de «jurar por Dios», invocándolo como testigo de palabras o acciones, sino más bien en el sentido de promesa. No jura «por» el Criador, sino «al» Criador.

Este juramento tiene precedente en la misma Biblia. En más de una ocasión lo emplea el mismo Dios para dar a conocer la inmutabilidad de sus promesas: «juró Yavé a David esta verdad y no se apartará de ella: Del fruto de tus entrañas pondré sobre tu trono» (Salmos 132:11).

* * *

... Y a los santos cuatro Evangelios, donde más largamente están escritos.

Era costumbre en los tiempos de Cervantes jurar por los santos Evangelios, tal como se hace hoy, es decir, poniendo la mano sobre ellos; también se usaba, al prestar juramento, sustituir el tomo de los cuatro Evangelios por dos o cuatro hojas de los mismos lujosamente encuadernadas, que comprendían manuscritos e impresos los primeros versículos de cada uno de ellos, de donde se explica que al jurar por los Evangelios se añadiese «donde más largamente están escritos».

Capítulo XI

Porque veas, Sancho, el bien que en sí encierra la andante caballería, y cuán a pique están los que en cualquier ministerio della se ejercitan de venir brevemente a ser honrados y estimados del mundo, quiero que aquí a mi lado, en compañía desta buena gente te sientes, y que seas una mesma cosa conmigo.

Este mismo deseo fue expresado repetidamente por el Señor Jesús en el transcurso de la larga oración que registra el apóstol Juan en su evangelio. Antes de ser entregado en manos de malhechores, Cristo ora insistentemente por la unidad de los creyentes, reflejo y testimonio de la unidad consustancial existente entre el Padre y el Hijo. «Para que todos sean una cosa, así como tú, Padre, en mí, y yo en ti, que también sean ellos una cosa en nosotros; para que el mundo crea que tú me enviaste» (Juan 17:21. Versión Scío).

* * *

De la caballería andante se puede decir lo mismo que del amor se dice: que todas las cosas iguala.

Alude Cervantes al capítulo 13 de la primera epístola que el apóstol Pablo escribió a los Corintios, donde el convertido de Damasco entona un himno enalteciendo las virtudes del amor, que, dice, «todo lo excusa, todo lo cree, todo lo espera, todo lo tolera» (Primera de Corintios 13:6).

* * *

Con todo eso te has de sentar, porque a quien se humilla Dios le ensalza.

El Señor Jesús repitió esta sentencia en diferentes ocasiones para mostrar el premio de la humildad. En la parábola del fariseo y el publicano, el Maestro estampa estas palabras al final de la misma para mostrar la nulidad de toda jactancia religiosa, de toda justificación propia. «Porque el que se ensalza será humillado y el que se humilla será ensalzado» (Lucas 18:14).

* * *

Dichosa edad y siglos dichosos aquellos a quien los antiguos pusieron nombre de dorados, y no porque en ellos el oro, que en esta nuestra edad de hierro tanto se estima, se alcanzase en aquella venturosa sin fatiga

> *alguna, sino porque entonces los que en ella vivían ignoraban estas dos palabras de tuyo y mío. «Eran en aquella santa edad todas las cosas comunes».*

De los primeros convertidos al cristianismo dice concretamente el libro que narra los Hechos de los Apóstoles: «La muchedumbre de los que habían creído tenía un corazón y un alma sola, y ninguno tenía por propia cosa alguna, antes, todo lo tenían en común» (Hechos 4:32).

* * *

Abalánzase al señuelo mi fe, que nunca ha podido «ni menguar por no llamado, ni crecer por escogido».

El pensamiento que queda subrayado en esta quinta estrofa del cantar de Antonio, el mozo pastor, se repite en el capítulo XLVI de esta primera parte de *El Quijote*. Allí es el hidalgo quien, viéndose libre y desembarazado de tantas pendencias, así de su escudero como suyas, le pareció que sería bien seguir su comenzado viaje y dar fin a aquella grande aventura *para que había sido llamado y escogido.*

En el cantar de Antonio la frase tiene sentido negativo, mientras que Don Quijote, según su costumbre, habla en positivo. Ambos conceptos tienen una inspiración común: las palabras de Nuestro Señor Jesucristo al tratar de la soberanía divina: «Son muchos los llamados y pocos los escogidos» (Mateo 20:18).

Capítulo XII

> *Olvidábaseme de decir cómo Crisóstomo, el difunto, fue grande hombre de componer coplas; tanto que él hacía los villancicos para la noche del nacimiento del Señor...*

«Villancico se deriva de "villano", rústico, campesino, con alusión a los festejos de los pastores de Belén, como quien dice "canciones pastoriles"» (Clemencín).

El nacimiento del Señor es relatado por Mateo y Lucas en sus respectivos evangelios. El texto de este último, que transcribimos íntegro, no obstante su extensión, es como un maravilloso poema sobre el acontecimiento más importante que vieran los siglos.

Así dice la divina historia:

«Aconteció, pues, en los días aquellos que salió un edicto de César Augusto para que se empadronase todo el mundo. Fue este empadronamiento primero que el del gobernador de Siria Cirino. E iban todos a empadronarse, cada uno en su ciudad. José subió a Galilea, de la ciudad de Nazaret, a Judea, a la ciudad de David, que se llama Belén, por ser él de la casa y de la familia de David, para empadronarse con María, su esposa, que estaba encinta. Estando allí se cumplieron los días de su parto, y le acostó en un pesebre, por no haber sitio para ellos en el mesón.

»Había en la región unos pastores que moraban en el campo y estaban velando las vigilias de la noche sobre su rebaño. Se les presentó un ángel del Señor y la gloria del Señor los envolvió con su luz, y quedaron sobrecogidos de temor. Díjoles el ángel: No temáis, os anuncio una gran alegría, que es para todo el pueblo: Os ha nacido un Salvador, que es el Cristo Señor, en la ciudad de David. Esto tendréis por señal: Encontraréis al niño envuelto en pañales y acostado en un pesebre.

»Al instante se juntó con el ángel una multitud del ejército celestial, que alababa a Dios diciendo: Gloria a Dios en las alturas y paz en la tierra a los hombres de buena voluntad.

»Así que los ángeles se fueron al cielo, se dijeron los pastores unos a otros: Vamos a Belén a ver esto que el Señor nos ha anunciado. Fueron con presteza y encontraron a María, a José y al Niño acostado en un pesebre, y viéndole contaron lo que se les había dicho acerca del Niño. Y cuantos los oían se maravillaban de lo que les decían los pastores. María guardaba todo esto y lo meditaba en su corazón. Los pastores se volvieron glorificando y alabando a Dios por todo lo que habían oído y visto, según se les había dicho» (Lucas 2:1-20).

En el capítulo XXXVII de esta parte primera, Cervantes alude de nuevo al nacimiento de Cristo y dice que «las primeras buenas nuevas que tuvo el mundo y tuvieron los hombres fueron las que dieron los ángeles la noche que fue nuestro día, cuando cantaron en los aires: "Gloria sea en las alturas, y paz en la tierra a los hombres de buena voluntad"».

* * *

... Y los autos para el día de Dios, que los representaban los mozos de nuestro pueblo, y todos decían que eran por el cabo.

«Autos para el día de Dios son los que comúnmente se llamaban autos sacramentales, que eran dramas o representaciones sobre asuntos sagrados, que se hacían para solemnizar la festividad del Corpus Christi o día de Dios» (Clemencín).

La fiesta del Corpus conmemora la institución de la Sagrada Eucaristía. Esta institución divina se conmemoraba antiguamente el Jueves Santo. Considerando la Iglesia Católica que el Jueves Santo, por caer en Semana Santa, es más bien tiempo de tristeza, «en que el pensamiento de los fieles anda ocupado con la pasión del Señor, y así distraído de la institución de la Eucaristía», el Papa Urbano IV promulgó el 8 de septiembre de 1264 la famosa bula «Transiturus», donde ordenaba la celebración anual del Corpus Christi, señalando para ella el jueves siguiente al domingo de la Santísima Trinidad.

La institución de la Eucaristía tuvo lugar durante la fiesta de la Pascua, llamada también de los ázimos, en el transcurso de la última cena celebrada por Jesús con los apóstoles. El texto de Mateo dice: «Mientras comían, Jesús tomó pan, lo bendijo, lo partió y dándoselo a los discípulos, dijo: "Tomad y comed, éste es mi cuerpo." Y tomando un cáliz y dando gracias, se lo dio, diciendo: "Bebed de él todos, que ésta es mi sangre, del Nuevo Testamento, que será derramada por muchos para remisión de los pecados. Yo os digo que no beberé más de este fruto de la vid hasta el día en que lo beba con vosotros de nuevo en el reino de mi Padre"».

* * *

Y quiéroos decir agora, porque es bien que lo sepáis, quién es esta rapaza; quizá, y aún sin quizá, no habréis

oído semejante cosa en todos los días de vuestra vida, aunque viváis más años que Sarna.
–Decid Sarra –replicó don Quijote, no pudiendo sufrir el trocar de los vocablos del cabrero.

«El pastor llamaba "Sarna" a la mujer de Abraham, y don Quijote le corregía este vocablo como ya le había corregido otros. Nosotros decimos Sara, pero en lo antiguo decían Sarra, como se ve por el comentario castellano de don Alfonso de Madrigal, llamado comúnmente "el Tostado", sobre la Crónica de Eusebio» (Clemencín).

Sara fue la esposa de Abraham y una de las mujeres más notables del Antiguo Testamento. Según se desprende del texto hebreo, cuyas gracias pondera, fue una mujer de belleza poco común. Aun cuando en su vida se advierten pequeñas claudicaciones, fue una esposa fiel y ejemplar y una madre amorosa. El Nuevo Testamento elogia su docilidad y su fe.

El hecho más sobresaliente de su historia fue, sin duda alguna, el haber dado a Abraham un hijo tras prolongada esterilidad. Este hijo, Isaac, vino como cumplimiento de la promesa divina, según relata el texto del Génesis: «Visitó, pues, Yavé a Sara, como le dijera, e hizo con ella lo que le prometió, y concibió Sara, y dio a Abraham un hijo en su ancianidad al tiempo que le había dicho Dios» (Génesis 21:1-2). El mismo libro inspirado narra las circunstancias de su muerte: «Vivió Sara ciento veintisiete años. Murió en Quiriat Arbe, que es Hebrón, en la tierra de Canán. Vino Abraham a llorar a Sara y hacer duelo por ella... Después de esto sepultó Abraham a Sara, su mujer, en la caverna del campo de Macpela, frente a Mambré, que es Hebrón, en tierra de Canán» (Génesis 23:1-2 y 19).

Capítulo XIII

El buen paso, el regalo y el reposo, allá se inventó para los blandos cortesanos, mas el trabajo, la inquietud y las armas solo se inventaron e hicieron para aquellos que el mundo llama caballeros andantes, «de los cuales yo, aunque indigno, soy el menor de todos».

Ésta es una cita casi literal del apóstol Pablo. La humilde actitud que nuestro caballero adopta aquí ante quienes le precedieron en el ejercicio de la andante caballería, corre pareja con aquella otra actitud del Apóstol de los Gentiles cuando enumera las sucesivas apariciones del Cristo resucitado: «Y después de todos dice Pablo, como a un aborto, se me apareció también a mí. Porque yo soy el menor de los apóstoles, que no soy digno de ser llamado apóstol, pues perseguí a la Iglesia de Dios» (1ª Corintios 15:8-9).

* * *

Así, que somos ministros de Dios en la tierra y brazos por quien se ejecuta en ella su justicia.

Nueva identificación de Cervantes con el pensamiento paulino. Don Quijote creíase enviado de Dios para administrar justicia, y no andaba del todo descaminado, porque la justicia divina fue manifestada al mundo por medio de instrumentos humanos. Tanto Pablo como sus compañeros de ministerio se consideraban ecónomos de Cristo, encargados de administrar a los hombres los misterios del Reino de Dios y de manifestar a todos su justicia. Para Pablo era de vital importancia el que los hombres reconociesen estos atributos concedidos por Dios a sus elegidos. «Es preciso –escribía a los corintios– que los hombres vean en nosotros ministros de Cristo y dispensadores de los misterios de Dios» (1ª Corintios 4:1).

* * *

Y a buen seguro que no se haya visto historia donde se halle caballero andante sin amores, y por el mismo caso que estuviese sin ellos, no sería tenido por legítimo, sino que por bastardo, «y que entró en la fortaleza de la caballería dicha, no por la puerta, sino por las bardas, como salteador y ladrón».

De salteadores y ladrones trata Jesús a los falsos maestros que se introducen secretamente en su rebaño «para robar, matar y destruir» a las sencillas ovejas. En el texto cervantino, la caballería se cobija en una fortaleza, mientras que en el Evangelio usa Jesús del aprisco, es decir, de un cercado redondo de pared o palizada, donde son introducidos los rebaños al llegar la noche: «En verdad, en verdad os digo que el que no entra por la puerta en el aprisco de las ovejas, sino que sube por otra parte, ése es ladrón y salteador» (Juan 10:1).

Capítulo XVI

Creedme, fermosa señora, que os podéis llamar venturosa por haber alojado en este vuestro castillo a mi persona, que es tal, que si yo no la alabo es por lo que suele decirse que «la alabanza propia envilece».

Entre los comentaristas de *El Quijote* no hay uniformidad de criterios en cuanto al origen de la sentencia subrayada. Mientras unos afirman que el tal proverbio es de autor desconocido, otros aseguran que siempre se dijo el «laus in ore propio vilescit»; un tercer grupo sostiene que se trata de una sentencia de Salomón contenida en el libro de los Proverbios: «Que te alabe el extraño, no tu boca; el ajeno, no tus labios» (Proverbios 27:2).

Capítulo XVIII

El otro de los miembros gigantescos, que está a su derecha mano, es el nunca medroso Brandabarbarán de Boliche, señor de las tres Arabias, que viene armado de aquél, y tiene por escudo una puerta, que según es forma, es una de las del templo que derribó Sansón cuando con su muerte se vengó de sus enemigos.

Sansón, tras haber usado vanamente la fuerza sobrenatural con que Dios le dotó, fue llevado, ciego, al templo donde se hallaban los príncipes de los filisteos y una numerosa multitud dispuesta a escarnecerle con sus burlas. «Entonces invocó Sansón a Yavé diciendo: "Señor, Yavé, acuérdate de mí, devuélveme la fuerza solo por esta vez, para que ahora me vengue de los filisteos por mis dos ojos". Sansón se agarró a las dos columnas centrales que sostenían la casa, y haciendo fuerza sobre ellas, sobre la una con la mano derecha, sobre la otra con la mano izquierda, dijo: "¡Muera yo con los filisteos!" Tan fuertemente sacudió las columnas, que la casa se hundió sobre los príncipes de los filisteos y sobre todo el pueblo que allí estaba, siendo los muertos que hizo al morir más que los que había hecho en vida» (Jueces 16:28-30).

* * *

> *Mas, con todo esto, sube en tu jumento, Sancho el bueno, y vente tras mí, que Dios, que es proveedor de todas las cosas, no nos ha de faltar, y más andando tan en su servicio como andamos, pues no falta a los mosquitos del aire, ni a los gusanos de la tierra, ni a los renacuajos del agua, y es tan piadoso que hace salir su sol sobre los buenos y los malos, y llueve sobre los injustos y los justos.*

En este pasaje, donde Don Quijote quiere consolar a Sancho de las desventuras ocasionadas por las aventuras con el escuadrón de ovejas, hay dos claras referencias al sermón pronunciado por el Señor Jesús de su ministerio terrenal, y conocido como el Sermón del Monte.

La primera parte del texto se refiere a la inutilidad e inconveniencia de los afanes mundanos, ya que Dios, por habernos dado lo mayor –la vida, el cuerpo–, también nos dará lo menor: el alimento y el vestido. «Por esto, os digo –exclama Cristo–: no os inquietéis por vuestra vida sobre qué comeréis, ni por vuestro cuerpo sobre qué os vestiréis. ¿No es la vida más que el alimento y el cuerpo más que el vestido? Mirad cómo las aves del cielo no siembran, ni riegan, ni encierran en graneros, y vuestro Padre celestial las alimenta. ¿No valéis vosotros más que ellas?» (Mateo 6:26-27).

La segunda parte del texto cervantino es una cita casi literal del capítulo 5 y versículo 35 del Evangelio de Mateo, donde el Señor Jesús habla de las excelsas bondades de Dios, «que hace salir el sol sobre malos y buenos y llueve sobre justos e injustos».

Capítulo XX

Ea, señor, que el cielo, conmovido de mis lágrimas y plegarias, ha ordenado que no se pueda mover Rocinante, y si vos queréis porfiar, y espolear, y dalle, será enojar a la Fortuna y «dar coces, como dicen, contra el aguijón».

«Dar coces contra el aguijón es una expresión figurada, tomada de aquellos animales falsos que quieren sacudir el yugo, y que cuantos mayores esfuerzos hacen para conseguirlo, tanto más se clavan y aumentan su pena» (Scío).

Esta expresión fue empleada por el Señor resucitado para mostrar a Saulo de Tarso la inutilidad de sus fanáticas y feroces persecuciones contra el naciente cristianismo, y mostrarle, a la vez, las fatales repercusiones a que semejante actitud le exponía. El texto novotestamentario dice: «Y cayendo en tierra, oyó una voz que decía: Saulo, Saulo, ¿por qué me persigues? Él dijo: ¿Quién eres, Señor? Y él: Yo soy Jesús, a quien tú persigues; dura cosa te es cocear contra el aguijón» (Hechos 9:4-5, Scío).

Capítulo XXI

–Mal cristiano eres, Sancho –dijo, oyendo esto, Don Quijote–, porque nunca olvidas la injuria que una vez te han hecho.

En su maravilloso Sermón del Monte, que ya hemos citado, nuestro Señor Jesús, sobrepasando con sus elevados preceptos los estrechos límites de la religión judía, aconseja la fraternidad universal entre todos los hombres, el olvido de la injuria y el amor al injuriador. «Habéis oído que fue dicho: Amarás a tu prójimo y aborrecerás a tu enemigo. Pero yo os digo: Amad a vuestros enemigos y orad por los que os persiguen, para que seáis hijos de vuestro Padre que está en los cielos, que hace salir el sol sobre buenos y malos y llueve sobre injustos y justos... Porque si vosotros perdonáis a otros sus faltas, también os perdonará a vosotros vuestro Padre celestial. Pero si no perdonáis a los hombres las faltas suyas, tampoco vuestro Padre os perdonará vuestros pecados» (Mateo 5:43-45 y 6:14-15).

Don Quijote acusa a Sancho de mal cristiano por el mal uso que, a su juicio, el escudero hacía de los preceptos evangélicos, ya que constantemente se lamentaba por el manteamiento de que había sido objeto en la venta.

* * *

Pues ¿qué será cuando me ponga un ropón ducal a cuestas, o me vista de oro o de perlas, a uso de conde extranjero? «Para mí tengo que me han de venir a ver de cien leguas.»

Se toma el número determinado por el indeterminado. «Cien leguas» revela la nombradía que Sancho soñaba alcanzar. Una vez en posesión de la ínsula prometida por Don Quijote, su fama se extendería por toda la tierra y, cual un nuevo Salomón, causaría la admiración de propios y extraños.

La Biblia pondera la sabiduría del rey Salomón; sus glorias y sus riquezas fueron tantas, tanta su sabiduría y tan grande su fama, que la «reina del Mediodía... vino de los confines de la tierra para oír la sabiduría de Salomón» (1° Reyes 10:1-10 y Mateo 12:4).

Capítulo XXII

Porque dicen ellos que tantas letras tiene un «no» como un «sí», y que harta aventura tiene un delincuente «que está en su lengua su vida o su muerte», y no en la de los testigos y probanzas.

La Biblia, en sus dos partes, exhortando de continuo al hombre al bien hablar, trata repetidamente de las propiedades destructivas y vivificantes de la lengua, pequeño instrumento del que dice Santiago que es capaz de encender un gran bosque. Salomón lo expone con toda claridad al afirmar que «la muerte y la vida están en poder de la lengua» (Proverbios 18:21).

* * *

Pero pensar que hemos de volver ahora a "las ollas de Egipto", digo, a tomar nuestra cadena y a ponernos en camino del Toboso, es pensar que es ahora de noche, que aún no son las diez del día, y es pedir a nosotros eso, como es pedir peras al olmo.

La alusión a las ollas de Egipto se repite nuevamente en el capítulo XXI de la parte segunda del *El Quijote*. Cervantes hace referencia a la murmuración de los israelitas contra Moisés, cuando éstos peregrinaban hambrientos y desalentados por el desierto en camino hacia la tierra prometida. El pueblo, falto de alimentos, se vuelve a Moisés y le dice: «¡Ojalá hubiéramos muerto por mano del Señor en la tierra de Egipto, cuando nos sentábamos sobre las ollas de las carnes y comíamos el pan en hartura! ¿Por qué nos habéis sacado a este desierto, para matar de hambre a toda la multitud?» (Éxodo 16:13. Scío).

En la primera parte, el texto cervantino se refiere a la imposibilidad de volver nuevamente a lo que se ha dejado por los peligros que ello supone; mientras que en la segunda, al decir Sancho que «se dejó atrás las ollas de Egipto» para seguir a Don Quijote hasta la aldea del enamorado Basilio, la frase significa «huir de la felicidad y prosperidad».

Capítulo XXIII

Y no me repliques más, que en solo pensar que me aparto y retiro de algún peligro, especialmente deste, que parece que lleva algún es no es de sombra de miedo, estoy ya para quedarme y para guardar aquí solo, no solamente la Santa Hermandad que dices y temes, sino «a los hermanos de los doce tribus (tribu era voz masculina) de Israel, y a los siete Macabeos», a Cástor y a Pólux, y aún a todos los hermanos y hermandades del mundo.

Jacob tuvo doce hijos, quienes fueron jefes de otras tantas familias que, al engrandecerse, se agruparon bajo el nombre de *tribu.* Más tarde, estas doce tribus se unieron formando en su organización primitiva una república federativa que dio origen a la nación hebrea. Bajo el reinado de Salomón, la nación judía llegó a la cúspide de su grandeza nacional y de su influencia internacional. Muerto el rey sabio, las doce tribus, que hasta entonces habían formado un solo pueblo, se dividieron, al declararse diez de ellas en rebeldía contra la casa de David.

En el capítulo 49 del Génesis se enumeran los nombres de los doce hermanos por orden cronológico de nacimiento: Rubén, Simeón, Leví, Judá, Zabulón, Isacar, Dan, Gad, Aser, Neftalí, José y Benjamín.

Los siete hermanos Macabeos, a quienes ya nos hemos referido anteriormente, constituyen un motivo de orgullo para el judaísmo histórico, por su valeroso comportamiento en tiempos de las persecuciones que sufrieron los hebreos por parte de los reyes de Siria, unos ciento cincuenta años antes de Cristo. Animados por su valerosa madre, prefirieron el martirio antes que abandonar sus creencias religiosas y su amor patrio.

Capítulo XXV

No soy amigo de saber vidas ajenas, que el que compra y miente, en su bolsa lo siente. Cuanto más que «desnudo nací, desnudo me hallo»: ni pierdo ni gano.

La indiferencia de Sancho hacia las vidas ajenas y la conformidad que parece sentir con su propia suerte dan origen a la expresión «desnudo nací, desnudo me hallo», empleada por el patriarca Job en los albores de la humanidad para mostrar su absoluto sometimiento a la voluntad divina. Job, despojado repentinamente de sus hijos y de sus muchos bienes, atacado él mismo por una asquerosa enfermedad, muestra su inquebrantable fe en Dios al exclamar: «Desnudo salí del vientre de mi madre y desnudo tornaré allá. Yavé me lo dio, Yavé me lo ha quitado. Sea bendito el nombre de Yavé» (Job 1:21).

* * *

–¡Bien estás en el cuento! –respondió Don Quijote–. Ahora me falta «rasgar las vestiduras», esparcir las armas y darme de calabazadas por estas peñas, con otras cosas deste jaez, que te han de admirar.

El rasgar las vestiduras es típico de las Sagradas Escrituras. Unas veces se hacía en señal de duelo, como en el caso del rey Tosías, de quien se dice que cuando hubo oído la lectura del libro de la Ley hallado durante la reconstrucción del templo, "rasgó sus vestiduras", emocionado y apesadumbrado a la vez por el olvido en que habían tenido a la Ley de Dios (2º Reyes, capítulo 22).

Otras veces denotaba indignación. Cuando Jesús declaró ante los miembros del Sanedrín su dignidad mesiánica y su filiación divina, «el pontífice rasgó sus vestiduras diciendo: Ha blasfemado» (Mateo 26:65).

Lucas nos relata un caso en que los apóstoles Bernabé y Pablo rasgaron sus vestiduras en señal de protesta. Habiendo la muchedumbre de Listra presenciado la curación de un paralítico, «levantó la voz diciendo un licaónico: Dioses en forma humana han descendido a nosotros», queriendo, con su sacerdote a la cabeza, ofrecer sacrificios a Pablo y a Bernabé, mediante quienes se había efectuado el milagro de sanidad. La Escritura dice que «cuando esto oyeron los apóstoles Bernabé y Pablo, rasgaron sus vestiduras», en señal de protesta y disconformidad con las intenciones de la multitud (Hechos 14:8-14).

* * *

–Quien ha infierno –respondió Sancho–, nula en retencio, según he oído decir.
–No entiendo qué quiere decir retencio –dijo Don Quijote.

–Retencio es –respondió Sancho– que quien está en el infierno nunca sale de él ni puede.

Toda la Biblia en su Antiguo y Nuevo Testamento enseña la existencia de un lugar de condenación en el más allá. Y es interesante observar que, quien más insistió en esta doctrina, que tanto repugna al pensamiento ateo, materialista y racionalista y a los modernos intérpretes de la Biblia, fue precisamente el Señor Jesús, considerado, incluso, por aquellos que le despojan de su divinidad, como el carácter más puro de toda la Biblia.

Las palabras de Sancho parecen estar basadas en el pasaje bíblico del rico epulón y el mendigo Lázaro. Respondiendo a los clamores del rico, quien pedía «en medio de los tormentos» una gota de agua con que refrescar su lengua, dice Abraham: «Entre nosotros y vosotros hay un gran abismo, de manera que los que quieren atravesar de aquí a vosotros, no pueden, ni tampoco pasar de ahí a nosotros» (Lucas 16:19-31).

***

Has de saber que una viuda hermosa, moza, libre y rica y, sobre todo, desenfrenada, se enamoró de un mozo motilón, rollizo y de buen tono; «alcanzólo a saber su mayor» y un día dijo a la buena viuda, por vía de fraternal reprensión...

Entre los comentaristas de *El Quijote* no hay acuerdo sobre la personalidad de tal «mayor» que reprendió a la viuda. Hay quienes piensan que se trata del propio hermano de la viuda, y que al amonestarla sigue lo establecido por el Señor Jesús tocante a la reprensión fraternal: «Si pecare tu hermano contra ti, ve y repréndele a solas» (Mateo 18:15).

Para Martín de Riquer, «el mayor a que se alude puede ser el superior de ese fraile» («Motilón, el fraile que está todo motilado [rapado] por igual, sin señal de corona, por no tener ni aun prima corona». Covarrubias). En este caso, la reprensión del mayor, es decir, del superior, tiene por fundamento la recomendación de San Pablo al joven Timoteo sobre cómo tratar a las viudas de vida libre «para que sean irreprensibles» (1ª Timoteo 5:3-7).

Capítulo XXVII

¡Oh Mario ambicioso, oh Catilina cruel, oh Sila facineroso, oh Galalón embustero, oh Vellido traidor, oh Julián vengativo, oh Judas codicioso¡

El enamorado Cardenio, aprovechando la ausencia de su locura y en un momento de lucidez, relata su triste historia al cura y al barbero, en el curso de la cual se desata en lamentos, quejas e improperios contra el «traidor, cruel, vengativo y embustero» don Fernando, causante de todas sus desventuras, dándole, entre estos y otros calificativos, el de «Judas codicioso». La traición de Judas fue inspirada, efectivamente, en la codicia. Este negro personaje ha pasado a la Historia como el autor de la traición más vergonzosa que hayan conocido los siglos. Las treinta piezas de plata que esperaba obtener de su venta fueron como treinta inyecciones de codicia que cegaron su entendimiento y anularon sus sentimientos. El relato evangélico dice: «Entonces se fue uno de los doce, llamado Judas Iscariote, a los príncipes de los sacerdotes, y les dijo: ¿Qué me dais y os lo entrego? Se convinieron en treinta piezas de plata, y desde entonces buscaba ocasión para entregarle» (Mateo 26:14-16).

* * *

¿Quién pudiera imaginar que don Fernando, caballero ilustre, discreto, obligado de mis servicios, poderoso para alcanzar lo que el deseo amoroso le pidiese donde quiera que le ocupase, se había de enconar, como suele decirse, «en tomarme a mí una sola oveja que aún no poseía»?

La alusión que aquí se hace a la parábola con que el profeta Natán reconvino a David por el agravio hecho a Urías el jeteo, vuelve a repetirse en el capítulo XXI de la segunda parte de *El Quijote.*

Cuando los partidarios de Camacho y de Basilio desenfundan las espadas para vengarse, los primeros de la ingeniosa estratagema de Basilio y Quiteria, y para defenderla los segundos, Don Quijote, como siempre solía hacer, se pone de parte del amor y de lo que él cree legítimo y, en su esfuerzo por pacificar a los bandos contendientes, defiende la actitud de Basilio con el mismo argumento usado por el profeta Natán: «Basilio no tiene más desta oveja, y no se la ha de quitar alguno, por poderoso que sea».

La historia que relata el grave pecado de David, pecado de adulterio y homicidio, así como la recriminación de que fue objeto por parte del profeta Natán, ocupa los capítulos 11 y 12 en el segundo libro de Samuel. El salmo 51, en sus primeros versículos, es un canto al arrepentimiento, seguido de una sincera y abierta confesión al Dios perdonador, «cuando fue a él el profeta Natán después de lo de Betsabé» (Salmos 51:2).

* * *

> *En fin, yo salí de aquella casa y vine a la de aquél donde había dejado la mula; hice que me la ensillase, sin despedirme dél subí en ella y salí de la ciudad, sin osar, como otro Lot, volver el rostro a miralla.*

Cuando los ángeles anunciaron a Lot la destrucción de las ciudades de la llanura, Sodoma y Gomorra, y ayudaron a escapar a éste, a su mujer y a sus dos hijas, advirtieron explícitamente al jefe de la familia: «Sálvate, no mires atrás y no te detengas en parte alguna del contorno; huye al monte si no quieres perecer» (Génesis 19:17).

Capítulo XXVIII

> *Pero como suele decirse que un mal llama a otro, y que el fin de una desgracia suele ser principio de otra mayor...*

Este mismo concepto se repite en el capítulo LX de la segunda parte, donde leemos:

Y como un abismo llama a otro y un pecado a otro pecado...

La idea central de que las desgracias nunca vienen solas, contenida en los dos pasajes quijotescos, se manifiesta con toda claridad en el salmo 42, escrito por el rey David, que es un salmo de nostalgia y de confianza a la vez. El salmista, como Roque Guinart, se siente angustiado por la opresión de sus enemigos, y abrumado por tantas y tan continuas luchas exclama: «Un abismo llama a otro a la voz de tus canales: todas tus ondas y tus olas han pasado sobre mí» (Salmos 42:7 Versión RV).

Capítulo XXX

Ella pelea en mí, y vence en mí, y yo vivo y respiro en ella, y tengo vida y ser.

Las palabras con que Don Quijote hace ver a Sancho que todo el valor de su fuerte brazo lo debe a su señora Dulcinea, y que incluso su razón de ser halla expresión en la dueña de sus pensamientos, parecen un eco de aquellas otras pronunciadas por el apóstol Pablo en el Areópago de Atenas, cuando habla en su discurso de la omnipotencia de Dios, como el elemento fuera de quien sería imposible la vida, «porque en Él vivimos y nos movemos y existimos» (Hechos 17:28).

En su *Vida de Don Quijote y Sancho*, Unamuno dice que estas palabras del ingenioso hidalgo «son al quijotismo lo que al cristianismo es aquella sentencia de Pablo de Tarso: Con Cristo estoy juntamente crucificado, y vivo, no ya yo, mas vive Cristo en mí» (Gálatas 2:20).

Capítulo XXXI

... Porque yo sé bien a lo que huele aquella rosa entre espinas, aquel lirio del campo, aquel ámbar desleído.

Esta y otras descripciones que Don Quijote hace de su amada Dulcinea en diferentes pasajes del libro, traen de inmediato a nuestra mente el lenguaje de *El Cantar de los Cantares*, de Salomón, especialmente por la semejanza de las figuras. Describiendo a su amada, el autor del milenario libro canta: «Yo soy la rosa de Sarón y el lirio de los valles. Como el lirio entre las espinas, así es mi amiga entre las doncellas» (Cantares 2:1-2. Versión RV).

* * *

> *–Y ¡cómo si llevaba azote! –dijo Don Quijote–. Y aún una legión de demonios, que es gente que camina y hace caminar, sin cansarse, todo aquello que se les antoja.*

En la Biblia, una legión significa un número elevado, pero indefinido. En tiempos de Cristo, una legión estaba compuesta por seis mil hombres. San Marcos nos habla de un endemoniado «que tenía su morada en los sepulcros, y ni aun con cadenas podía nadie sujetarle, pues muchas veces le habían puesto grillos y cadenas y los había roto. Continuamente noche y día, iba entre los monumentos y por los montes, gritando e hiriéndose con piedra». Cuando Jesús, antes de sanarle, le preguntó por su nombre, el endemoniado, contestó: «Legión es mi nombre, porque somos muchos», significando que se hallaba poseído por millares de espíritus impuros (Marcos 5:1-17).

* * *

> *–Con esa manera de amar –dijo Sancho– he oído yo predicar que se ha de amar a Nuestro Señor por sí solo, sin que nos mueva esperanza de gloria o temor de pena.*

Esta máxima que Sancho decía haber oído predicar sobre el amor que estamos obligados a profesar a Dios es un reflejo del misticismo español que floreció al finalizar la Edad Media y que tuvo sus más altos representantes en Teresa de Jesús y en Fray Luis de Granada. A la autora de *Las Moradas* se le suele atribuir, aunque sin una base segura, el siguiente soneto:

No me mueve, mi Dios, para quererte
el cielo que me tienes prometido,
ni me mueve el infierno tan temido
a no dejar por eso de ofenderte.

En la antigua Ley judía se ordenaba amar a Dios con toda la intensidad de que el corazón humano fuera capaz. El mandamiento de Deuteronomio 6:4-5, que es una síntesis perfecta de toda idea religiosa y a la vez un resumen de todos los preceptos contenidos en la Ley mosaica, fue llamado por Jesús «el más grande y el primero mandamiento»: «Amarás al Señor, tu Dios, con todo tu corazón, con toda tu alma y con toda tu mente» (Mateo 22:37).

Juan, el apóstol del amor, nos enseña que hemos de amar a Dios sin egoísmo alguno, no solo por lo que Dios es y representa en sí mismo, sino porque Él fue el primero en amarnos. La iniciativa partió de Él, y no de nosotros. Al amarle no hacemos más que corresponder, en una proporción insignificante, a la grandeza de su amor. «En esto está el amor: no que nosotros hubiéramos amado a Dios, sino que Él nos amó a nosotros y envió al Hijo suyo, propiciación por nuestros pecados» (1ª Juan 4:10. Versión Bover-Cantera).

* * *

Pero ya te acuerdas, Andrés, que yo juré que si no te pagaba, que había de ir a buscarle, y que le había de hallar, aunque se escondiese en el vientre de la ballena.

El libro histórico e inspirado de Jonás relata la huida de éste desde tierras de Galilea a Tarsis, que algunos sitúan en nuestra provincia de Huelva, en tanto que otros lo hacen en la de Sevilla y otros más identifican a Tarsis con Sanlúcar de Barrameda, en la provincia de Cádiz.

Dios había mandado a Jonás predicar el arrepentimiento a los habitantes de Nínive, capital del mundo gentil, y que por aquella época se debatía en luchas intestinas, pero el profeta huye, desobedeciendo el mandato de Dios. Durante la travesía, Dios hace que se levante en el mar una violenta tempestad que pone a la nave en peligro de zozobrar. Enterados los marinos que la tempestad obedecía a la presencia de Jonás en la nave, toman al profeta y le arrojan al mar. Pero el texto sagrado añade que Yavé había dispuesto un pez muy grande que tragase a Jonás, y «Jonás estuvo en el vientre del pez por tres días y tres noches» (Jonás 1:17).

Jesús se refirió a este pez como una ballena, al hablar de la experiencia de Jonás como una figura de su propia muerte y resurrección: «Porque como estuvo Jonás en el vientre de la ballena tres días y tres noches, así estará el Hijo del hombre tres días y tres noches en el seno de la tierra» (Mateo 12:40). A esta ballena se refiere Don Quijote en su conversación con Andrés.

Capítulo XXXII

Y «¡Jesús!», no sé que gente es aquella tan desalmada y tan sin conciencia, que por no mirar a un hombre honrado lo dejan que se muera o que se vuelva loco.

Jesús es el nombre humano del Hijo de Dios, en tanto que Cristo, que significa Ungido, es el título oficial con que se designa su ministerio de redención. El nombre de Jesús le fue impuesto por el ángel antes de nacer, cuando el mensajero divino se apareció a José para disipar su perplejidad originada por la concepción milagrosa de María: «Dará a luz un hijo, a quien pondrás por nombre Jesús (Salvador), porque salvará a su pueblo de sus pecados» (Mateo 1:21).

Capítulo XXXIII

–Así es la verdad –respondió Anselmo–, y con esa confianza te hago saber, amigo Lotario, que el deseo que me fatiga es pensar si Camila, mi esposa, es tan buena y tan perfecta como yo pienso, y no puedo enterarme en esta verdad, si no es probándola de manera que la prueba manifieste los quilates de su bondad como el fuego muestra los del oro.

La figura del oro pasado por el fuego para ilustrar la fidelidad, la bondad y la resistencia física y moral de nuestro carácter fue empleada por varios personajes bíblicos, tanto del Antiguo como del Nuevo Testamento.

Cuando la duda ensombrecía la fe de Job, este santo varón pudo exclamar con la satisfacción que le proporcionaba su recta conciencia: «Mas él sabe mi camino, y me ha acrisolado como el oro, que pasa por el fuego» (Job 23:10).

Pedro nos enseña que Dios tiene un propósito definido en las tentaciones, pruebas y tribulaciones de aquellos que le pertenecen: «Para que vuestra fe, probada, más preciosa que el oro, que se corrompe, aunque acrisolada por el fuego, aparezca digna de alabanza, gloria y honor en la revelación de Jesucristo» (1ª Pedro 1-7).

* * *

Ansí que la que es buena por temor, o por falta de lugar, ya no la quiero tener en aquella misma estima en que tendré a la solicitada y perseguida, que salió con «la corona del vencimiento».

«La corona del vencimiento» se concedía a los afortunados jugadores de los antiguos juegos griegos, donde los atletas se disputaban el premio corriendo, luchando y en otros ejercicios diferentes. Estas coronas solían ser de laurel, perejil, pino y hojas de encina. No obstante su corta duración, eran muy apreciadas por los competidores.

Pablo hace referencia a ellas para poner de manifiesto el esfuerzo físico y la abstinencia total de quienes luchaban aspirando a su posesión. «Y eso –agrega Pablo– para alcanzar una corona corruptible» (1ª Corintios 9:24-26), en contraste con la corona de valores eternos, la corona incorruptible de gloria con la que el Señor Jesús premiará el trabajo de sus esforzados luchadores en esta tierra de contradicciones.

Salomón dice que «la mujer fuerte es corona de su marido», en tanto que «la mala es carcoma de sus huesos» (Proverbios 12:4).

* * *

Podré yo decir que está colmo el vacío de mis deseos; diré que me cupó en suerte la mujer fuerte, de quien el Sabio dice que ¿quién la hallará?

Alude Cervantes a Salomón, quien, en su libro de Proverbios, escribe: «La mujer fuerte, ¿quién la hallará?; vale mucho más que las perlas» (Proverbios 31:10).

* * *

«Crece el dolor y crece la vergüenza
en Pedro, cuando el día se ha mostrado,
y aunque allí no ve a nadie, se avergüenza
de sí mesmo, por ver que había pecado;
que a un magnánimo pecho a haber vergüenza
no solo ha de moverle el ser mirado;
que de sí se avergüenza cuando yerra,
si bien otro no ve que cielo y tierra."

Las lágrimas de San Pablo, obra a la que pertenecen estos versos, es una de las más exquisitas composiciones del gran poeta italiano Luis Tansillo, nacido en Nápoles treinta y siete años antes que Cervantes.

«Dicen que gastó Tansillo más de veinticuatro años en la composición de su poema, el cual no se publicó hasta después de su muerte, acaecida por los años de 1570. Se imprimió por primera vez en 1585 y en 1587 lo publicó traducido al castellano Luis Gálvez de Montalvo» (Clemencín).

El argumento del poema lo constituye la negación del apóstol San Pedro, relatada en el Nuevo Testamento por los cuatro evangelistas. Pedro le había prometido al Señor: «Yo daré por ti mi vida», y Cristo le había contestado: «¿Darás por mí tu vida? En verdad, en verdad te digo que no cantará el gallo antes que tres veces me niegues» (Juan 13:37-38).

Y así ocurrió. Cuando Pedro se calentaba junto al fuego encendido en el atrio del palacio donde Jesús era interrogado por los miembros del sanedrín judío, primero una mujercilla y luego dos criados le acusaron de pertenecer al círculo de los íntimos que solían acompañar al Maestro. Pedro negó repetidamente la acusación. A la tercera vez, hablando aún él, cantó el gallo. Vuelto al Señor, miró a Pedro, y Pedro se acordó de la palabra del Señor, cuando le dijo: «Antes que el gallo cante hoy, me negarás tres veces; y saliendo fuera lloró amargamente» (Lucas 22:54-62).

* * *

Cuando Dios crió a nuestro primero padre en el Paraíso terrenal, dice la divina Escritura que infundió Dios sueño en Adán, y que, estando durmiendo, le sacó una costilla del lado siniestro, de la cual formó a nuestra madre Eva, y así como Adán despertó y la miró, dijo: «Esta es carne de mi carne y hueso de mis huesos». Y dijo Dios: «Por ésta dejará el hombre a su padre y a su madre y serán dos en una carne misma». Y entonces fue instituido el divino sacramento del matrimonio, con tales lazos que solo la muerte puede desatarlos.

La formación de la primera mujer y la divina institución del matrimonio se relata en el segundo capítulo de la Biblia, constituyendo este relato una verdadera joya espiritual, sentimental y literaria, por su indiscutible valor histórico y su autenticidad divina.

Así dice el texto sagrado: «Hizo, pues, Yavé Dios caer sobre el hombre un profundo sopor, y dormido, tornó una de sus costillas, cerrando en su lugar con carne, y de la costilla que del hombre tomara, formó Dios a la mujer y se la presentó al hombre. El hombre exclamó: Esto sí que es ya hueso de mis huesos y carne de mi carne. Esta se llamará varona, porque del varón ha sido tomada. Por eso dejará el hombre a su padre y a su madre, y se adherirá a su mujer, y vendrán a ser los dos una sola carne» (Génesis 2:21-24).

* * *

Porque así como el dolor del pie o de cualquier miembro del cuerpo humano lo siente todo el cuerpo, por ser todo de una carne mesma, y la cabeza siente el daño del tobillo, sin que ella se le haya causado, así el marido es participante de la deshonra de la mujer, por ser una mesma cosa con ella.

Pablo dedica casi todo un capítulo a señalar la correspondencia que existe entre los miembros del cuerpo, como partes esenciales de un todo. Con ello ilustra los diferentes dones que Dios ha dado a su Iglesia, Cuerpo místico de Cristo.

«Los miembros –dice Pablo– son muchos, pero uno solo el cuerpo. Y no puede el ojo decir a la mano: No tengo necesidad de ti. Ni tampoco la cabeza a los pies: No necesito de vosotros. Aún hay más: los miembros del cuerpo que parecen más débiles son los más necesarios, y a los que parecen más viles los rodeamos de mayor honor, y a los que tenemos por indecentes los tratamos con mayor decencia, mientras que los que de suyo son decentes no necesitan de más… De esta suerte, si padece un miembro, todos los miembros padecen con él, y si un miembro es honrado, todos los otros a una se gozan» (1ª Corintios 12:20-26).

Don Quijote usa de este mismo pasaje paulino para decir a Sancho la gran intimidad que le unía, hasta el punto de querer ser con su escudero «una mesma cosa». En el capítulo II de la parte segunda de *El Quijote*, Cervantes cita literalmente una frase del texto bíblico en latín, que pone en boca de su personaje, el cual dice a Sancho: «quando caput dolet…»; ante la ignorancia de éste, don Quijote aclara:

«–Quiero decir –dijo Don Quijote- que cuando la cabeza duele, todos los miembros duelen y así, siendo yo tu amo y señor, soy tu cabeza, y tú mi parte, pues eres mi criado, y por esta razón el mal que a mí me toca, o tocare, a ti te ha de doler, y a mí el tuyo».

* * *

Usando en esto del artificio que el demonio usa cuando quiere engañar a alguno que está puesto en atalaya de mirar por sí; «que se transforma en ángel de luz», siéndolo él de tinieblas, y, poniéndole delante apariencias buenas, al cabo descubre quién es y sale con su intención, si a los principios no es descubierto su engaño.

Eso mismo dice Pablo del diablo. Su astucia es tanta, que para desconectar y engañar a sus víctimas adopta su naturaleza primitiva cuando las circunstancias lo requieren, es decir, «se disfraza de ángel de luz» (2ª Corintios 11:14). Es así como consigue seducir a los incautos, obrando «todo género de milagros y prodigios engañosos» (2ª Tesalonicenses 2:9).

Capítulo XXXIV

Deseaba mucho la noche, y el tercer lugar para salir de su casa, y ir a verse con su buen amigo Lotario, congratulándose con él de la «margarita preciosa» que había hallado en el desengaño de la bondad de su esposa.

Algunos comentaristas de El Quijote ven aquí una alusión a las dos pequeñas parábolas de Mateo 13:44-46 sobre el reino de los cielos. La palabra «margarita» no se emplea en el texto cervantino en concepto de flor, sino en el de perla de mucho valor, tal como en el pasaje evangélico: «Es también semejante el reino de los cielos a un mercader que busca preciosas perlas, y hallando una de gran precio, va, vende cuanto tiene y la compra».

Capítulo XXXVII

Es el fin y paradero de las letras. Y no hablo ahora de las divinas, que tienen por blanco llevar y encaminar las almas al cielo, que a un fin tal sin fin como éste ninguno otro se le puede igualar.

Alude Cervantes a la gloriosa misión de la Biblia, cuyo fin es, efectivamente, «encaminar las almas al cielo». Desde su cárcel de

Roma, el apóstol Pablo declara a Timoteo, con sublimes palabras, todo cuanto es y cuanto puede hacer la Escritura de Dios en las vidas y caminos de los hombres. «Pero tú permaneces en lo que has aprendido y te ha sido confiado, considerando de quienes lo aprendiste, y porque desde la infancia conoces las Escrituras Sagradas, que pueden instruirte en orden a la salud por la fe en Jesucristo. Pues toda la Escritura es divinamente inspirada y útil para enseñar, para argüir, para corregir, para educar en la justicia, a fin de que el hombre de Dios sea perfecto y consumado en toda obra buena» (2ª Timoteo 3:14-17).

* * *

Y a la salutación que el mejor Maestro de la tierra y del cielo enseñó a sus allegados y favorecidos fue decirles que cuando entrasen en alguna casa dijesen: «Paz en esta casa»...

Esta fórmula de salutación era corriente entre los judíos en tiempos de Nuestro Señor. Éste la recomendó a los setenta y dos discípulos a quienes envió de dos en dos a predicar su doctrina por diferentes ciudades de la Palestina. Antes de partir a la misión evangelizadora, el Maestro les previene: «En cualquier casa que entréis, decid primero: La paz sea con esta casa» (Lucas 10:5).

* * *

Y otras muchas veces les dijo: «Mi paz os doy; mi paz os dejo».

Antes de partir hacia el lugar de donde viniera, el Maestro imparte a los suyos frases de aliento y consuelo que constituyen un valioso legado y que logra elevar la moral de los afligidos discípulos. La calma, la quietud y el reposo de espíritu que Jesús mismo posee, son dadas a los suyos en forma de adiós o de bendición en las palabras que cita Cervantes: «La paz os dejo, mi paz os doy; no como el mundo la da os la doy yo. No se turbe vuestro corazón ni se intimide» (Juan 14:27).

* * *

Paz sea con vosotros.

Cristo emplea la misma forma de bendición tanto después de su resurrección como antes de su muerte. «La tarde del primer día de la semana, estando cerradas las puertas del lugar donde se hallaban los discípulos por temor de los judíos, vino Jesús y, puesto en medio de ellos, les dijo: La paz con vosotros» (Juan 20:19).

Capítulo XXXIX

Pero el cielo lo ordenó de otra manera, no por culpa ni descuido del general que a nosotros regía, sino por los pecados de la cristiandad, y porque quiere y permite Dios que tengamos siempre verdugos que nos castiguen.

Cervantes hace alusión a la famosa batalla de Lepanto, en la que tomó parte contra los turcos y donde perdió el brazo izquierdo. Comentando la ocasión perdida en Navarino, donde por error de los pilotos no se logró sorprender a la armada turca, Cervantes sostiene que ese desastre fue ocasionado por voluntad de Dios, como castigo a los pecados de la cristiandad y como una manifestación de esos juicios divinos que San Pablo dice ser inescrutables e incomprensibles para la mente del hombre.

Esto pone de relieve una vez más la influencia ejercida por los escritores sagrados en la mente de nuestro autor. Cervantes, asiduo lector de la Biblia, se hallaba bien compenetrado de sus doctrinas y preceptos. La total soberanía de Dios, tan difícil de comprender en todos los tiempos por muchos cerebros privilegiados, no encerraba misterio alguno para el gran literato español. En virtud de su soberanía, Dios se vale incluso de los enemigos de aquellos que por él luchan, para castigar los pecados y extravíos de éstos. Así se pone de manifiesto en las páginas de la Biblia, especialmente en el Antiguo Testamento. Los judíos creían –y con razón– que todas sus angustias, tribulaciones y fracasos tanto individualmente como nacionales provenían de sus propios pecados y de su apartamiento de Dios.

El profeta Nehemías reconoce esto en su oración elevada a Dios cuando el pueblo judío estaba pasando por una de las situaciones más críticas de la historia. El valiente reformador se dirige a Dios en estos términos: «Hoy somos siervos en la tierra que diste a nuestros padres para que comiesen sus frutos y sus bienes. Ella multiplica sus productos para los reyes que por nuestros pecados has puesto sobre nosotros, que se enseñorean de nuestros cuerpos, de nuestras bestias, conforme a su voluntad; y estamos en gran angustia» (Nehemías 9:36-37).

* * *

Era tan cruel el hijo de Barbarroja y trataba tan mal a sus cautivos, que así como los que venían al remo vieron que la galera Lola les iba entrando y que los alcanzaba, soltaron todos a un tiempo los remos y asieron de su capitán, que estaba sobre el estanterol, gritando que bogasen apriesa, y pasándole de banco en banco, de popa a proa, le dieron bocados que «a poco que pasó del árbol ya había pasado su alma al infierno».

La crueldad del hijo -o nieto, como afirma Clemencín- de Barbarroja ya le hacía merecedor del infierno, pues la Biblia afirma que «los malos serán trasladados al infierno, todas las gentes que se olvidan de Dios» (Salmos 9:17. Versión RV).

Pero además Cervantes dice que el alma de este maligno fue al infierno inmediatamente de morir, «a poco más que pasó del árbol», lo que concuerda perfectamente con la enseñanza bíblica que desautoriza las modernas interpretaciones de ciertos grupos religiosos, quienes afirman que el alma condenada espera en la tierra hasta el día del juicio, cuando será totalmente destruida por Dios. Lo absurdo de tal teoría se ve de un modo claro en el pasaje del rico Epulón y el pobre Lázaro, al que hemos hecho mención en otro lugar de este libro, y que dice, refiriéndose al rico: «Y murió también el rico, y fue sepultado. En el infierno, en medio de los tormentos, levantó sus ojos y vio a Abraham desde lejos y a Lázaro en su seno» (Lucas 16:22-23).

Capítulo XLI

Estaba la bellísima Zoraida aguardándonos a una ventana, y así como sintió gente preguntó con voz baja si éramos nazarani, como si dijera o preguntara si éramos cristianos.

«Nazarani» es voz arábiga que significa nazareno y que designa a los naturales de Nazaret, ciudad de la baja Galilea, unas 65 millas al norte de Jerusalén. En esta ciudad vivía la Virgen María cuando el ángel del Señor le anunció la concepción milagrosa, y a ella volvió en unión de su esposo José y del niño Jesús cuando el mensajero celestial ordenó desde Egipto el retorno de la Familia Sagrada a tierras de Israel. De este retorno escribe San Mateo: «Mas habiendo oído que en Judea reinaba Arquelao en lugar de su padre Herodes, temió ir allá y, advertido en sueños, se retiró a la región de Galilea, yendo a habitar en una ciudad llamada Nazaret, para que se cumpliese lo dicho por los profetas, que sería llamado Nazareno» (Mateo 2:22-23).

«Nazareno» significa también «despreciado». En este sentido, el epíteto que al principio fue una simple designación del lugar donde residía Jesús, se convirtió en un nuevo cumplimiento del oráculo profético, que vaticinaba el desprecio y rechazo del Mesías. Tal desprecio se manifestó primeramente entre sus propios vecinos, cuando Natanael respondió al anuncio de Felipe de haber hallado al Mesías: «¿De Nazaret puede venir algo bueno?» (Juan 1:46).

Según el libro de los Hechos de los Apóstoles, a los cristianos se les llamaba también nazarenos cuando se hablaba de ellos en tono despectivo. En la acusación de Tértulo contra Pablo en presencia de Félix, hallamos estas palabras del orador romano: «Hemos hallado a éste, una peste que excita a sedición a todos los judíos del orbe y es el jefe de la secta de los nazarenos» (Hechos 24:5).

* * *

No te canses, señor, en preguntar a Zoraida, tu hija, tantas cosas, porque con una que yo te responda te satisfaré a todas, y así, quiero que sepas que ella es cristiana, y es la que ha sido la lima de nuestras cadenas y la libertad de nuestro cautiverio; ella va aquí de su voluntad, tan contenta, a lo que yo imagino, de verse en este estado, «como el que sale de las tinieblas a la luz, de la muerte a la vida y de la pena a la gloria».

La conversión, ya sea del Islam, como en el caso de Zoraida, o de cualquier otra religión o idea a la fe de Cristo, se señala en el Nuevo Testamento como un paso de las tinieblas a la luz, como la resurrección de muerte a vida. Pablo, escribiendo a los efesios, les dice: «Fuisteis algún tiempo tinieblas, pero ahora sois luz en el Señor» (Efesios 5:8).

Y el Señor Jesús declaró en presencia de los judíos que negaron su filiación divina: «En verdad, en verdad os digo, que el que escucha mi palabra y cree en el que me envió, tiene la vida eterna y no es juzgado, porque pasó de la muerte a la vida» (Juan 5:24).

Capítulo XLV

Venid acá, gente soez y malnacida, ¿salteador de caminos llamáis al dar libertad a los encadenados, soltar los presos, acorrer a los miserables, alzar los caídos, remediar los menesterosos?

La propiedad de estas ideas con las que Don Quijote expresa tan valientemente el carácter de su misión caballeresca pertenece al Evangelio de Lucas. El escritor sagrado refiere la declaración de Jesús en la sinagoga de Nazaret al principio de su ministerio terrenal. Ante los doctores de la Ley que le habían entregado el libro del profeta Isaías y que le escuchaban admirados, Cristo da lectura al pasaje profético que trataba de Él y de la autoridad de su misión. Por boca misma del profeta, el Hijo de Dios quería mostrar a los judíos incrédulos las credenciales de su autoridad y de su filiación divina.

Capítulo XLVII

Porque siempre los suelen llevar por los aires, con extraña ligereza, encerrados en alguna parda y oscura nube, o en algún carro de fuego.

Esto dice Don Quijote de los caballeros andantes, extrañado de que a él lo llevasen enjaulado encima de un carro.

La referencia a la Biblia es clara, tanto por lo que respecta a la nube como al carro de fuego, pero especialmente a este último. Fue Elías, uno de los profetas hebreos más eminentes y honrados, quien tuvo el gran privilegio de ser arrebatado al cielo en un carro de fuego, sin pasar por la experiencia de la muerte, según reza el texto divino: Elías y Eliseo «siguieron andando y hablando, y he aquí que un carro de fuego con caballos de fuego separó a uno de otro, y Elías subió al cielo en el torbellino» (2º Reyes 2:11).

Capítulo XLIX

Y si todavía, llevado de su natural inclinación, quisiere leer libros de hazañas y de caballerías, lea en la Sagrada Escritura el de los Jueces, que allí hallará verdades grandiosas y hechos tan verdaderos como valientes.

El libro de los Jueces se encuentra en séptimo lugar, siguiendo el orden en que han sido clasificados los escritos del Antiguo Testamento. Es de autor desconocido, si bien algunos comentaristas bíblicos lo atribuyen a Samuel, el gran profeta y legislador hebreo. Se cree que este autor lo compuso allá por el año 1403 antes de Jesucristo, tomando datos de diferentes documentos que se remontaban a una fecha anterior.

Describe el libro los hechos de los Jueces, especie de gobernantes que fueron como caudillos de Israel durante la teocracia. Su autoridad era a menudo más bien militar que judicial, aunque entre ellos existieron varios que se limitaron al ejercicio del gobierno civil, como Samuel y Elí.

Muchos de estos jueces fueron contemporáneos y algunos de entre ellos, como Otoniel, Gedeón, Barac, Jefté, Sansón y otros llegaron a alcanzar gran popularidad por sus valerosas hazañas, ya contra los Amonitas o Moabitas, ya contra los filisteos; hazañas que de no figurar en las páginas del Libro de Dios las tomaríamos por pura fantasía, como el derrotar a mil hombres con «una quijada de asno fresca», según se cuenta de Sansón. De estos hechos dice Cervantes que son «tan verdaderos como valientes».

Capítulo L

El agradecimiento que solo consiste en el deseo es cosa muerta, «como es muerta la fe sin obras».

Máxima de la epístola universal de Santiago, donde el apóstol trata de aquellas manifestaciones visibles que han de caracterizar nuestra profesión cristiana, poniendo de relieve la nulidad e ineficacia total de la fe sin obras. «Pues como el cuerpo sin el espíritu es muerto –dice Santiago– así también es muerta la fe sin obras» (Santiago 2:26).

Parte Segunda
de
El Quijote

Aprobación

Si la necesidad le ha de obligar a escribir, plega a Dios que nunca tenga abundancia, para que con sus obras, siendo él pobre, haga rico a todo el mundo.

Esta cita que figura entre comillas en la aprobación tercera a la segunda parte de *El Quijote*, aprobación que aparece firmada por el Licenciado Márquez Torres, alude a la declaración que Pablo hizo a los corintios sobre la entrega voluntaria del Salvador, quien, poseyéndolo todo, se desprendió de su gloria para enriquecernos con su gracia: «Pues conocéis la gracia de Nuestro Señor Jesucristo, que, siendo rico, se hizo pobre por amor nuestro, para que vosotros fueseis ricos por su pobreza» (2ª Corintios 8:9).

Prólogo al lector

Dile también que de la amenaza que me hace, que me ha de quitar la ganancia de su libro, no se me da un ardite, que acomodándome al entremés famoso de La Perendenga, le respondo que me viva el veinte y cuatro mi señor, «y Cristo con todos».

La exclamación popular «Cristo con todos» equivale a «la paz sea con todos», palabras empleadas por Jesús para saludar a los suyos después de su resurrección, ya comentadas en el capítulo XXXVII de la parte primera de *El Quijote*.

Capítulo I

El mayor contrario que en su desgracia tenía era su mucha hacienda, pues por gozar della sus enemigos, ponían dolo y dudaban de la merced que Nuestro Señor le había hecho en «volverle de bestia en hombre».

Esto dice el barbero contando a Don Quijote y a los demás reunidos el cuento del loco sevillano. La última parte de la cita cervantina recuerda mucho un caso de locura parecida que se registra en el libro bíblico de Daniel. En este libro se cuenta la locura de Nabucodonosor, el famoso rey caldeo a quien Dios castigó por su soberbia y orgullo.

El anuncio del castigo le vino «mientras se paseaba en su palacio de Babilonia. Entonces oyó una voz misteriosa que le decía: «Sabe, ¡oh rey de Babilonia, Nabucodonosor!, que te va a ser quitado el reino. Te arrojará de en medio de los hombres, morarás con las bestias del campo y te darán a comer hierba, como a los bueyes...” Al momento se cumplió en Nabucodonosor la palabra: fue arrojado de en medio de los hombres, y comió hierba como los bueyes, y su cuerpo se empapó del rocío del cielo, hasta que llegaron a crecerle los cabellos como plumas de águila y las uñas como las de las aves de rapiña» (Daniel 4:25-30).

Cumplido el castigo impuesto, Dios tuvo misericordia con Nabucodonosor y lo volvió nuevamente «de bestia en hombre».

* * *

Acerca del poder de Dios, ninguna cosa es imposible.

«Porque nada hay imposible para Dios» (Lucas 1:37). Éstas fueron las palabras del ángel a la Virgen María cuando ésta, admirada, oyó de boca del mensajero celestial el anuncio de su concepción milagrosa.

* * *

Por solo este pecado que hoy comete Sevilla en sacaros desta casa y en teneros por cuerdo, tengo de hacer un tal castigo en ella, que quede memoria dél "por todos los siglos de los siglos, amén".

La expresión «por los siglos de los siglos» tiene varias acepciones en la Biblia. Unas veces se emplea para designar el reinado glorioso del Señor y de sus elegidos: «Después recibirán el reino los santos del altísimo y lo retendrán por siglos, por los siglos de los siglos» (Daniel 7:18), y otras veces para describir la duración de la pena definitiva que sufrirá el diablo con sus huestes infernales y todos los condenados: «El diablo, que los extraviaba, será arrojado en el estanque de fuego y azufre, donde están también la bestia y el falso profeta y serán atormentados día y noche por los siglos de los siglos» (Apocalipsis 20:10).

Capítulo III

Era el bachiller, «aunque se llamaba Sansón», no muy grande de cuerpo.

En el pasaje bíblico que empleamos para comentar lo que de Sansón se dice en el capítulo XVIII de la primera parte de *El Quijote* se encarecen las extraordinarias fuerzas de Sansón, pero en ningún lugar de las Escrituras se habla de su estatura.

Algunos lo describen como un hombre corpulento, pero el único apoyo a esta tesis lo constituye el hecho de haber cargado sobre sus espaldas las puertas de la ciudad de Gaza, según afirma el texto sagrado: «Fue Sansón a Gaza, donde… estuvo acostado hasta medianoche. A medianoche se levantó, y cogiendo las dos hojas de la puerta de la ciudad, con las jambas y el cerrojo, se las echó al hombro y las llevó a la cima del monte que mira hacia Hebrón» (Jueces 16: 1-3).

* * *

–Por Dios, señor –dijo Sancho–, la isla que yo no gobernase con los años que tengo, no la gobernaré con los años de Matusalén.

Matusalén, hijo de Enoc, fue el hombre que más años vivió en la tierra, treinta y nueve años más que Adán, el padre de la raza humana. El texto del Génesis que habla de sus años dice: «Fueron todos los días de Matusalén novecientos sesenta y nueve años, y murió» (Génesis 5:27).

* * *

–Encomendadlo a Dios, Sancho –dijo Don Quijote–, que todo se hará bien, y quizá mejor de lo que vos penséis,«que no se mueve la hoja en el árbol sin la voluntad de Dios».

Esta idea de protección divina sobre aquellas cosas que nos parecen insignificantes como para merecerla, tales como las hojas de los árboles, los pajarillos del cielo o los cabellos de nuestras cabezas, está tomada de los Evangelios. En San Mateo se dice: «¿No se venden dos pajaritos por un as? Sin embargo, ni uno de ellos cae a tierra sin la voluntad de vuestro Padre. Cuanto a vosotros, aun los cabellos de vuestra cabeza están contados» (Mateo 10:20-30).

* * *

–Gobernador he visto por ahí –dijo Sancho– que, a mi parecer, no llegan a la suela de mi zapato, y con todo eso, los llaman señoría, y se sirven con plata.

No llegar a la suela de los zapatos o no ser digno de desatar sus correas es una frase hiperbólica pronunciada por San Juan Bautista para manifestar su humildad y su servicio y quitar de la mente de muchos judíos contemporáneos la idea de que él era el Mesías. Rebajando su persona, el Bautista declara la incomparable superioridad de aquel que había de venir: «Yo bautizo en agua; viene el que es más fuerte que yo, ante quien no soy digno de desatar la correa de sus zapatos; él os bautizará en Espíritu Santo y fuego» (Lucas 3:16. Versión Bover-Cantera).

* * *

La historia es como cosa sagrada, porque ha de ser verdadera, y donde está la verdad, está Dios, en cuanto a verdad.

Eco sublime y maravilloso de las palabras del profeta: «Jehová Dios es la verdad» (Jeremías 10:10. Versión RV).

* * *

Antes es al revés, que como de «stultorum infinitus est numerus», infinitos son los que han gustado de la tal historia.

Los comentarios de *El Quijote* que he consultado coinciden en que la cita latina corresponde a una frase del Eclesiastés 1:15, pero yo no la encuentro allí. Lo que se lee en ese lugar es lo siguiente: «Lo tuerto no puede enderezarse, y lo falto no puede completarse». En el Eclesiastés se cita 6 veces a los necios, en plural, pero ninguna de estas citas corresponde a la referencia latina de *El Quijote*. Tampoco he hallado la frase en otro lugar de la Biblia. Puede que algún comentarista se equivocara y los demás lo siguieran en su equivocación o puede que la cita corresponda a otro texto bíblico que yo no he logrado localizar.

Capítulo IV

¡Cuerpo del mundo, señor bachiller! Sí, que tiempos hay de acometer y tiempos de retirar.

Esta última frase nos ofrece una clara reminiscencia de los conceptos contenidos en el capítulo 3 del Eclesiastés sobre la distribución del tiempo: «Todo tiene su tiempo –dice Salomón–, y todo cuanto se hace debajo del sol tiene su hora. Hay tiempo de nacer y tiempo de morir, tiempo de plantar y tiempo de arrancar lo plantado...» (Eclesiastés 3:1-9).

Capítulo V

–Basta que me entienda Dios, mujer –respondió Sancho–, que Él es el entendedor de todas las cosas.

Desde el Génesis al Apocalipsis, toda la Biblia pone de relieve la omnisciencia de Dios; sin embargo, el Salmo 139 hace énfasis en este hecho y sus primeros versículos son como un canto al que todo lo ve, hasta los pensamientos más escondidos de los hombres. «¡Oh Yavé!, tú me has examinado y me conoces, no se te oculta nada de mi ser. Tú conoces mi sentarme y mi levantarme y desde lejos te das cuenta de todos mis pensamientos» (Salmos 139:1-2).

La misma idea se repite en el capítulo XI de esta primera parte, donde Sancho vuelve a insistir: «Encomendémoslo a Dios, que Él es el sabedor de todas las cosas que han de suceder en este valle de lágrimas».

* * *

Que con esta carga nacemos las mujeres, de estar obedientes a sus maridos, aunque sean unos porros.

La carga de que tanto se queja Teresa Panza no es otra que las penas que en el curso de la vida sobrevienen a la mujer en su doble oficio de esposa y madre. Estos sufrimientos fueron vaticinados por el propio Creador después de que Eva le hubo desobedecido comiendo de la fruta prohibida. El texto divino dice: «A la mujer le dijo (Dios): Multiplicaré los trabajos de tus preñeces. Parirás con dolor los hijos y buscarás con ardor a tu marido, que te dominará» (Génesis 3:16).

Haciéndose eco de esta sentencia, Pablo ordena que «las casadas estén sujetas a sus maridos» (Efesios 5:22).

Capítulo VI

Y sé que la senda de la virtud es muy estrecha y el camino del vicio, ancho y espacioso, y sé que sus fines y paraderos son diferentes, porque el del vicio, dilatado y espacioso, acaba en muerte, y el de la virtud, angosto y trabajoso, acaba en vida, y no en vida que se acaba, sino en la que no tendrá fin.

Estas sentencias alentadoras y llenas de esperanzas para el creyente, a pesar de su tono dolorido, fueron pronunciadas por el Señor Jesús en la última parte de su sermón admirable, predicado desde las colinas próximas a Cafarnaúm: «Entrad por la puerta estrecha –dice el Maestro–, porque ancha es la puerta y espaciosa la senda que lleva a la perdición, y son muchos los que por ella entran. ¡Qué estrecha es la puerta y qué angosta la senda que lleva a la vida, y cuán pocos los que dan con ella!» (Mateo 7:13-14).

Pedro Lumbrera, O. P., en *Casos y lecciones del Quijote*, comenta: «Señalemos un fin digno a nuestra existencia; sacrifiquemos cuanto tenemos y cuanto hacemos en aras de ese objetivo; luchemos por su triunfo con pasión; mayormente, con perseverancia, porque esta es la flecha de oro que sola va más lejos del común, ordinario, blanco. Suspiremos con el poeta de Colombia:

Yo busco la flecha de oro
que, niño, de un hada adquirí,
y «guarda el sagrado tesoro»,
me dijo, «tu suerte está ahí».

Capítulo VIII

Más habemos de atender a la gloria de los siglos venideros, que es eterna en las regiones etéreas y celestes, que a la vanidad de la fama que en este presente y acabable siglo se alcanza.

La vanidad de las cosas temporales, incluyendo la fama personal, en contraste con las excelencias de las glorias eternas, fue sentida, vivida y expuesta por el apóstol Pablo, en quien se inspira Don Quijote para este discurso. El perseguidor perseguido dice: «Pues por la momentánea y ligera tribulación nos prepara un peso eterno de gloria incalculable, y no ponemos nuestros ojos en las cosas visibles, sino en las invisibles, pues las visibles son temporales; las invisibles, eternas» (2ª Corintios 4:17-18).

Capítulo XI

Y antes quisiera que aquellos golpes se los dieran a él «en las niñas de los ojos» que en el más mínimo pelo de la cola de su asno.

Lenguaje metafórico utilizado en diferentes partes de la Biblia y que entre otros significados tiene el de poner de relieve «una cosa que se estima y guarda mucho». «Porque así dice Yavé Sebaot: Después de la aflicción, él me ha enviado a las gentes que os despojaron, porque el que os toca a vosotros toca a la niña de sus ojos» (Zacarías 2:8).

* * *

–No hay para qué, señor –respondió Sancho–, tomar venganza de nadie, pues no es de buenos cristianos tomarla de los agravios.

En el capítulo XXVII de esta parte segunda es Don Quijote quien razona diciendo «que el tomar venganza injusta, que justa no puede haber alguna que lo sea, va derechamente contra la santa ley que profesamos, en la cual se nos manda que hagamos bien a nuestros enemigos y que amemos a los que nos aborrecen».

Amo y escudero demuestran conocer bien el mandamiento del Señor Jesús sobre el amor que debemos profesar a nuestros enemigos, tan sencillo de aprender y tan difícil de cumplir: «Pero yo os digo a vosotros que me escucháis, amad a vuestros enemigos, haced bien a los que os aborrecen, bendecid a los que os maldicen y orad por los que os calumnian» (Lucas 6:27-28).

* * *

> *–Sí, que algo se me ha de pegar de la discreción de vuestra merced –respondió Sancho–, que las tierras que de suyo son estériles y secas, estercolándolas y cultivándolas vienen a dar buenos frutos; quiero decir que la conversación de vuestra merced ha sido el estiércol que sobre la estéril tierra de mi seco ingenio ha caído; la cultivación, el tiempo que ha que le sirvo y comunico, y con esto espero de dar frutos de mí que sean de bendición tales, que no desdigan ni deslicen de los senderos de la buena crianza que vuesa merced ha hecho en el agostado entendimiento mío.*

Todo este discurso de Sancho sobre el ingenio seco y la tierra estercolada, con el cual, en palabras de su señor, «acababa su razón con despegarse de su simplicidad al profundo de su ignorancia», está inspirado en la parábola del Sembrador, que bien debía conocer Cervantes, por ser una de las más leídas del Nuevo Testamento. Mateo nos da la siguiente versión de la misma: «Aquel día salió Jesús de casa y se sentó junto al mar. Se le acercaron numerosas muchedumbres. Él, subiendo a una barca, se sentó, quedando las muchedumbres sobre la playa, y Él les dijo muchas cosas en parábolas: Salió un sembrador a sembrar, y de la simiente, parte cayó junto al camino, y viniendo las aves, la comieron. Otra cayó en pedregoso, donde no había tierra, y luego brotó, porque la tierra era poco profunda; pero levantándose el sol la agostó, y como no tenía raíz, se secó. Otra cayó entre cardos, y los cardos crecieron y la ahogaron. Otra cayó sobre tierra buena y dio fruto, una ciento, otra sesenta, otra treinta. El que tenga oídos que oiga» (Mateo 13:1-9). Quien lo desee, puede ver el significado de la parábola explicado por el mismo Señor en el texto que sigue.

* * *

De las bestias han recibido muchos advertimientos los hombres y aprendido muchas cosas de importancia, como son: de las cigüeñas, el cristel; de los perros, el vómito...

Covarrubias comenta: «Volver al vómito es proverbio tomado del perro, que vuelve a comerse lo que ha vomitado, y así hace el mal cristiano cuando, después de haber dejado un vicio, se torna a él».

El pasaje clave se encuentra en la segunda epístola de San Pedro, y dice así: «Mejor les fuera (a los apóstatas) no haber conocido el camino de la justicia, que después de conocerlo, abandonar los santos preceptos que les fueron dados. En ellos se realiza aquel proverbio verdadero: "Volvióse el perro a su vómito, y la cerda lavada vuelve a revolcarse en el cieno"» (2ª Pedro 2:21-22).

* * *

... de las hormigas, la providencia...

Clemencín dice que «Plinio es el autor de todas las noticias que aquí se comentan acerca de las cosas que los hombres han aprendido de las bestias».

Por lo que a las hormigas se refiere, ya Salomón unos mil años antes que el famoso naturalista romano, se ocupa de ellas en su libro de Proverbios: las encomia por el paciente trabajo que llevan a cabo durante todo el tiempo que la estación veraniega se lo permite, y recomienda a los seres humanos que empleemos con la misma diligencia nuestra vida y nuestras oportunidades.

He aquí el texto bíblico: «Ve, oh perezoso, a la hormiga, mira sus caminos y hazte sabio. No tiene capitán, ni rey, ni señor. Y se prepara en el verano su mantenimiento, reúne su comida al tiempo de la mies» (Proverbios 6:6-8).

* * *

Escuchémosle, que por el hilo sacaremos el ovillo de sus pensamientos, si es que canta, que de la abundancia del corazón habla la lengua.

Tanto Mateo como Lucas registran en sus respectivos evangelios el dicho del Señor Jesús sobre la revelación de nuestro carácter y de nuestros sentimientos por medio de nuestras palabras. «El hombre bueno, del buen tesoro de su corazón saca cosas buenas y, el malo saca cosas malas de su mal tesoro, pues de la abundancia del corazón habla la lengua» (Lucas 6:45-46).

Capítulo XIII

Trabajosa vida es la que pasamos y vivimos, señor mío, estos que somos escuderos de caballeros andantes, en verdad que comemos el pan con el sudor de nuestros rostros que es una de las maldiciones que echó Dios a nuestros primeros padres.

Efectivamente, después de la caída de Adán y Eva, Dios se dirige al primero en estos términos: «Por haber escuchado a tu mujer, comiendo del árbol de que te prohibí comer, diciéndote: no comerás de él. Por ti será maldita la tierra; con trabajo comerás de ella todo el tiempo de tu vida. Te dará espinas y abrojos, y comerás de las hierbas del campo. Con el sudor de tu rostro comerás el pan» (Génesis 3:17-19).

* * *

–Con todo eso, hermano y señor –dijo el del Bosque–, si el ciego guía al ciego, ambos van a peligro de caer en el hoyo.

Este dicho en forma de proverbio fue empleado por el Señor Jesús para mostrar el destino final de los falsos maestros religiosos que, cegados ellos mismos por las preocupaciones materiales, endurecidos sus corazones por la incredulidad y aferrados en su oposición a la verdadera doctrina de Cristo, conducen a las multitudes por las mismas sendas de extravío que ellos pisan. Cristo Jesús dice de ellos: «Dejadlos, son guías ciegos; si un ciego guía a otro ciego, ambos caerán en la hoya» (Mateo 15:14).

Capítulo XIV

... Sacudiendo de sus cabellos un número infinito de líquidas perlas, en cuyo suave licor, bañándose las yerbas, parecía asimesmo que ellas brotaban y llovían blanco y menudo aljófar; los sauces destilaban «maná sabroso».

El maná era el «milagroso alimento dado por Dios a los israelitas durante las peregrinaciones de éstos en el desierto. Era como grano menudo, blanco como la escarcha, redondo, y del tamaño de una semilla de cilantro. Caía todas las mañanas con el rocío por todo el campo de los israelitas, y en tan grandes cantidades durante todos los cuarenta años de su peregrinación por el desierto, que fue suficiente para servir a la multitud en lugar de pan».

El prodigio del maná toma capítulos enteros en el Antiguo Testamento. Moisés cuenta que una mañana, al despertar los israelitas en sus tiendas de campaña, vieron en todo el campamento «una capa de rocío. Cuando el rocío se evaporó, vieron sobre la superficie del desierto una cosa menuda como granos, parecida a la escarcha. Los hijos de Israel, al verla, se preguntaban unos a otros: "¿Manhu?" ("¿Qué es esto?"), pues no sabían lo que era. Moisés les dijo: "Ése es el pan que os da Yavé para alimento"» (Éxodo 16:13-16).

Capítulo XVI

Oigo misa cada día, reparto de mis bienes con los pobres, sin hacer alarde de las buenas obras, por no dar entrada en mi corazón a la hipocresía y vanagloria.

En el ejercicio de la caridad, don Diego de Miranda muestra conocer las normas establecidas por el Señor Jesús para la distribución de las limosnas, normas que, según su declaración, seguía con puntualidad. Cristo Jesús dejó dicho: «Cuando hagas, pues, limosnas, no vayas tocando la trompa delante de ti, como hacen los hipócritas en las sinagogas y en las calles, para ser alabado de los hombres» (Mateo 6:2).

* * *

Los hijos, señor, son pedazos de las entrañas de sus padres, y así, se han de querer, o buenos o malos que sean, como se quieren las almas que nos dan vida, a los padres toca el caminarlos desde pequeños por los pasos de la virtud, de la buena crianza y de las buenas y cristianas costumbres, para que cuando grandes sean báculos de la vejez de sus padres y gloria de su posteridad.

Los conceptos expuestos en este pasaje familiar sobre la recta educación de los hijos y la recompensa que los padres obtienen de ella en su ancianidad, están tomados del libro de los Proverbios. Salomón aconseja a los padres en este sentido: «Instruye al muchacho respecto a su camino, ni aun cuando hubiera envejecido, se apartará de él». La instrucción severa del niño no solamente será «corona de honor (a las) canas» de los mayores, sino que además de este gozo personal y paterno, las bendiciones se extenderán a los descendientes, quienes se alegrarán de haber contado con un padre recto. Y prosigue el sabio «Corona de los ancianos son los nietos, y la gloria de los hijos son sus padres» (Proverbios 22:6; 16:31 y 17:6. Versión Bover-Cantera).

Capítulo XVII

–¡Oh, hombre de poca fe! –respondió Don Quijote–. Apéate, y desunce, y haz lo que quisieras; que presto verás que trabajaste en vano y que pudieras ahorrar desta diligencia.

La exclamación de Don Quijote pertenece al Evangelio de Mateo. El Señor Jesús reprendió con ella al apóstol Pedro cuando éste, obedeciendo la llamada del Señor, dejó la barca y caminó sobre las aguas al encuentro de su Maestro. «Pero viendo el viento fuerte, temió, y comenzando a hundirse, gritó: Señor, sálvame. Al instante Jesús le tendió la mano y le cogió, diciéndole: Hombre de poca fe, ¿por qué has dudado?» (Mateo 14:30-31).

Capítulo XIX

–Dios lo hará mejor –dijo Sancho–, que Dios, que da la llaga, da la medicina.

Este razonamiento es del libro de Job. Mediante él, el patriarca antiguo expresa su pleno sometimiento a la voluntad divina y su firme confianza en la actuación de Dios. «Porque él mismo hace la llaga, y da la medicina, hiere, y sus manos curarán» (Job 5:18. Versión Scío).

* * *

Que destos a quien llaman «diestros», he oído decir que meten una punta de una espada por el ojo de una aguja.

Esta popular frase evangélica se encuentra también en el Talmud hebreo y en el Corán mahometano. En Cervantes, la hipérbole pierde fuerza al sustituir el camello por la espada. El Señor Jesús se valió de ella para denotar la dificultad que tendrán en alcanzar el reino de los cielos aquellos cuyo único objetivo en la tierra es la acumulación de riquezas. «Es más fácil a un camello pasar por el hondón de una aguja que a un rico entrar en el reino de Dios» (Marcos 10:25). Para comprender mejor el sentido de la frase debe tenerse en cuenta que el camello era el animal más grande conocido por los judíos de aquella época y el ojo de la aguja la abertura más pequeña.

Capítulo XX

–Al paso que vamos –respondió Sancho–, antes que vuestra merced se muera estaré yo mascando barro, y entonces podrá ser que esté tan mudo que no hable palabra hasta el fin del mundo, o, por lo menos, hasta el día del juicio.

El fin del mundo y el día del juicio no serán dos fechas muy distantes entre sí, como parece colegirse del texto cervantino. Cuando la Biblia habla de estos eventos futuros los designa en ocasiones con la sola palabra «juicio», pero siempre se trata del gran día del fin del mundo y de los tiempos, cuando todos los individuos de la especie humana, después de ser juzgados, serán recompensados o castigados, según hubiere sido su comportamiento en la tierra. Después de este juicio, que entre los estudiantes de la Biblia se conoce como «el juicio del Gran Trono Blanco», solo quedarán los estados eternos del cielo y el infierno.

Entre los numerosos pasajes escatológicos que se refieren a estos acontecimientos, transcribimos aquí uno tomado de las últimas páginas de la Biblia. Juan, en una de sus muchas visiones estáticas, nos dice: «Vi un trono alto y blanco, y al que en él se sentaba, de cuya presencia huyeron los cielos y la tierra, y no dejaron rastro de sí. Vi a los muertos, grandes y pequeños, que estaban delante del trono, y fueron abiertos los libros, y fue abierto otro libro, que es el libro de la vida. Fueron juzgados los muertos, según sus obras, según las obras que estaban escritas en los libros. Entregó el mar los muertos que tenía en su seno, y asimismo la muerte y el infierno entregaron los que tenían, y fueron juzgados cada uno según sus obras. La muerte y el infierno fueron arrojados al estanque de fuego; ésta es la segunda muerte, el estanque de fuego, y todo el que no fue hallado escrito en el libro de la vida, fue arrojado en el estanque de fuego» (Apocalipsis 20:11-15).

* * *

> *–Ni las has menester –dijo Don Quijote–; pero yo no acabo de entender ni alcanzar cómo siendo el principio de la sabiduría el temor de Dios, tú, que temes más a un lagarto que a Él, sabes tanto.*

David en los Salmos, y más tarde su hijo Salomón en los Proverbios, escribieron al mundo esta gran verdad que nuestros sabios han olvidado casi por entero y que nuestro caballero había aprendido bien. «El principio de la sabiduría es temer a Yavé» (Salmos 111:10).

* * *

Y déjeme vuestra merced despabilar esta espuma, que lo demás todas son palabras ociosas, de que nos han de pedir cuenta en la otra vida.

Mucho demostraba saber nuestro Sancho de doctrina evangélica. Después de llamar «raza de víboras» a los fariseos que contra Él blasfemaban, el Señor Jesús sentenció: «Y yo os digo que de toda palabra ociosa que hablaren los hombres habrán de dar cuenta el día del juicio» (Mateo 12:36).

Capítulo XXI

¡No, sino ponedla tacha en el brío y en el talle, y no la comparéis a una palma que se mueve cargada de racimos de dátiles!

Estas imágenes que usa el escudero para alabar la hermosura de Quiteria pertenecen al Cantar de los Cantares, de Salomón. El rey sabio las pone en boca del esposo, quien pondera y exalta las gracias de su amada usando de ese lenguaje hiperbólico y parabólico que tanto abunda en este antiguo y bello romance de amor: «Esbelto es tu talle como la palmera y son tus senos sus racimos» (Cantares 7:8).

* * *

–Bien sabes, desconocida Quiteria, que conforme a la santa ley que profesamos, que viviendo yo, tú no puedes tomar esposo.

Basilio habla aquí como si de hecho Quiteria fuese su legítima esposa, aun cuando no se habían celebrado los esponsales. El enamorado creía que la eventual novia de Camacho estaba obligada a su «buen deseo», igual que él había procurado «guardar el decoro» que convenía a la honra de la muchacha.

La santa ley a que se refiere acerca de las obligaciones matrimoniales se encuentra en su génesis en el Antiguo Testamento, y Pablo la resume en un pasaje donde al mismo tiempo trata de la libertad cristiana. «¿O ignoráis, hermanos –habla con los que saben las leyes–, que la ley domina al hombre todo el tiempo que éste vive? Por tanto, la mujer casada está ligada al marido mientras éste vive; pero muerto el marido, queda desligada de la ley del marido. Por consiguiente, viviendo el marido será tenida por adúltera si se uniere a otro marido, pero si el marido muere queda libre de la ley, y no será adúltera si se une a otro marido» (Romanos 7:1-3).

* * *

Basilio no tiene más desta oveja, y no se la ha de quitar alguno, por poderoso que sea; que a los dos que Dios junta no podrá separar el hombre.

En este pasaje quijotesco hay dos claras referencias a la Biblia. La primera se refiere a la parábola con que el profeta Natán reconvino al rey David por su pecado, ya comentada en el capítulo XXVII de la parte primera de El Quijote.

La segunda referencia está en Mateo. El Señor Jesús, tratando de la indisolubilidad del matrimonio y del origen divino del mismo, dice: «De manera que ya no son dos, sino una sola carne. Por tanto, lo que Dios unió no lo separe el hombre» (Mateo 19:6).

Capítulo XXII

–Sí, sería –respondió el primo–, porque Adán no hay duda sino que tuvo cabeza y cabellos, y siendo esto así, y siendo el primer hombre del mundo, alguna vez se rascaría.

Efectivamente, la revelación de Dios nos dice que Adán es el progenitor y cabeza representante de la raza humana, y esta verdad permanece inconmovible frente a los ataques de la ciencia racionalista e ingrata, que se envuelve y quiere envolvernos inútilmente en sus propios extravíos de incredulidad.

El nombre de Adán fue tomado del color rojo de la tierra que Dios empleó para su formación, viniendo a ser un alma viviente desde el mismo instante que el Creador le transmitió su aliento de vida, según consta en el relato inspirado: «Formó Yavé Dios al hombre del polvo de la tierra, y le inspiró en el rostro aliento de vida, y fue así el hombre ser animado» (Génesis 2:7). De todos los seres de la Creación, Adán fue el único hecho a imagen y semejanza de su Creador: «Y creó Dios al hombre a imagen suya, a imagen de Dios lo creó, y los creó macho y hembra» (Génesis 1:27).

* * *

Sepa que el primer volteador del mundo fue Lucifer, cuando le echaron o arrojaron del cielo, que vino volteando hasta los abismos.

En el capítulo V de la parte primera de El Quijote nos hemos referido a Satanás, al comentar el discurso con que el ama de nuestro hidalgo se lamentaba ante el cura y el barbero por la primera salida del caballero. Ahora, es Sancho quien vuelve a citar al diablo, y lo hace con el nombre por el cual se le conoce como el príncipe de los ángeles rebeldes. Dice de él que fue el primer volteador del mundo, y está en lo cierto.

Estas volteretas o caídas se describen en el libro de Isaías, a modo de parábola, ilustrando al mismo tiempo la arrogancia, altivez y soberbias pretensiones del rey de Babilonia. Así escribe el profeta: «¿Cómo caíste del cielo, lucero brillante, hijo de la aurora? ¿Echado por tierra el dominador de las naciones? Tú, que decías en tu corazón: Subiré a los cielos; en lo alto, sobre las estrellas de Dios, elevaré mi trono; me instalaré en el monte santo, en las profundidades del aquilón. Subiré sobre la cumbre de las nubes y seré igual al Altísimo. Pues bien, al sepulcro has bajado, a las profundidades del abismo» (Isaías 14:12-15).

* * *

Ahora acabo de conocer que todos los contentos desta vida pasan como sombra y sueño, o se marchitan como la flor del campo.

Algo hemos dicho en la primera parte de este libro sobre el concepto de Cervantes acerca de la vanidad, brevedad y fragilidad de la vida humana. En este pasaje de «El Quijote» hay referencias a tres libros diferentes de la Biblia. En Job se lee: «Nosotros somos de ayer y no sabemos nada, porque son una sombra nuestros días sobre la tierra» (Job 8:9); Moisés agrega: «Son como sueño mañanero» (Salmos 90:5), e Isaías: «Una voz dice: Grita. Y yo respondo: ¿Qué he de gritar? Toda carne es como hierba, y toda su gloria como flor del campo. Sécase la hierba, marchítase la flor, cuando sobre ellas pasan el soplo de Yavé» (Isaías 40:6-7).

Capítulo XXIII

–Y los encantados, ¿comen? –dijo el primo.
–No comen –respondió Don Quijote–, ni tienen excrementos mayores, aunque es opinión que les crecen las uñas, las barbas y los cabellos.

Cervantes alude aquí al rey Nabucodonosor, de Babilonia. La Biblia cuenta que para vencer el orgullo que el monarca sentía por la grandeza y fortaleza de su reino, Dios lo castigó con una extraña locura, bajo el influjo de la cual el altivo Nabucodonosor se creyó convertido en animal, obrando durante siete años como si lo fuera. Por las inscripciones halladas en las ruinas de las márgenes del Tigris se sabe que los magos de Babilonia atribuyeron la locura de su rey a obra de encantamiento.

El texto sagrado nos dice que el rey «fue arrojado de en medio de los hombres y comió hierba como los bueyes, y su cuerpo se empapó del rocío del cielo, hasta que llegaron a crecerle los cabellos como plumas de águila y las uñas como las de las aves de rapiña» (Daniel 4:33).

A la curación de Nabucodonosor parece referirse Cervantes en el cuento del loco sevillano, cuando éste se refiere a «la merced que Nuestro Señor le había hecho en volverlo de bestia en hombre» (*Quijote*, II parte, cap. 1).

Capítulo XXV

Que a Dios solo está reservado conocer los tiempos y los momentos, y para Él no hay pasado ni porvenir.

La frase es del libro de los Hechos. Cuando los discípulos preguntaron al Maestro acerca de los tiempos de la instauración del reino de Dios en la tierra, el Señor contestó: «No os toca a vosotros conocer los tiempos ni los momentos que el Padre ha fijado en virtud de su poder soberano» (Hechos 1:7).

* * *

–¿Cómo alguna? –respondió Maese Pedro–. Sesenta mil encierra en sí este mi retablo; dígole a vuesa merced, mi señor Don Quijote, que es una de las cosas más de ver que hoy tiene el mundo, y «operibus credite, et non verbis».

La cita latina pertenece al Evangelio de Juan y es parte del discurso pronunciado por el Señor Jesús en el templo de Salomón, en Jerusalén, donde reta a los judíos a considerar sus obras como credenciales de su misión, ya que no creían a sus palabras: «Si no hago las obras de mi Padre, no me creáis; pero si las hago, ya que no me creéis a mí, creed a las obras, para que sepáis y conozcáis que el Padre está en mí, y yo en el Padre» (Juan 10:37-38).

La misma cita en latín se repite en el capítulo L de esta parte segunda.

Capítulo XXVII

Porque Jesucristo, Dios y hombre verdadero, que nunca mintió, ni puede mentir, siendo legislador nuestro, dijo que su yugo era suave y su carga liviana.

Desde el Evangelio el Señor nos invita a acudir a Él con todos nuestros dolores morales y espirituales para recibir en nuestras almas el suave bálsamo de su consuelo. «Venid a mí –nos dice–, todos los que estáis fatigados y cargados, que yo os aliviaré. Tomad sobre vosotros mi yugo y aprended de mí, que soy manso y humilde de corazón, y hallaréis descanso para vuestras almas, pues mi yugo es blando y mi carga ligera» (Mateo 11:28-30).

Capítulo XXXIII

Y siendo esto así, como lo es, mal contado te será, señora duquesa, si al tal Sancho Panza le das ínsula que gobierne, porque el que no sabe gobernarse a sí, ¿cómo sabrá gobernar a otros?

Escribiendo Pablo a Timoteo, acerca de las cualidades que han de reunir los obispos, le recomienda que éstos sepan «gobernar bien su propia casa…, pues quien no sabe gobernar su casa, ¿cómo gobernará la Iglesia de Dios?» (1ª Timoteo 3:4-5)

La inspiración del pasaje quijotesco en el bíblico es del todo evidente.

* * *

Yo fingí aquello por escaparme de las riñas de mi señor Don Quijote, y no con intención de ofenderle, y si ha salido al revés, Dios está en el cielo, que juzga los corazones.

Sancho alude a la reprensión que Cristo hizo a los fariseos que pretendían «pasar por justos ante los hombres». Empeño vano y engañoso, diría el Maestro, porque «Dios conoce vuestros corazones» (Lucas 16:15).

* * *

Así que no vale para que nadie se tome conmigo, y pues que tengo buena fama y, según oí decir a mi señor, que «más vale el buen nombre que las muchas riquezas», encájenme ese gobierno y verán maravillas.

De «sentencias cantonianas» califica la duquesa el discurso que Sancho termina con la frase entrecomillada. Ésta, al menos, no pertenece al libro *Dísticos de Catón*, sino al Eclesiastés, donde escribió Salomón el proverbio que transcribió Cervantes retocando el sentido de su segunda mitad: «Mejor es el buen nombre que el oloroso ungüento» (Eclesiastés 7:l).

Capítulo XL

¡Pero que escriban a secas: «Don Paralipomenón de las Tres Estrellas acabó la aventura de los seis vestigios», sin nombrar la persona de su escudero, que se halló presente a todo, como si no fuera en el mundo!

El nombre «Paralipomenón» está tomado, con pequeña modificación gramatical, de «Paralipómenos», título dado a dos libros del Antiguo Testamento, y que en hebreo equivale a crónicas, anales.

«Los paralipómenos contienen una historia de Israel, narrada desde el punto de vista del templo y del culto legítimo.

»El género de su composición es de compilación de documentos, retocados con adiciones aclaratorias, supresiones, correcciones, para amoldarlas mejor a su propósito... El autor cita cuidadosamente sus fuentes. Los títulos de éstas llegan a catorce, aunque tal vez se reduzcan todas a una o dos obras generales de la historia de Israel» (Nácar-Colunga).

Capítulo XLI

¿Ahora que tengo de ir sentado en una tabla rasa, quiere vuestra merced que me lastime las posas? «En verdad en verdad», que no tiene vuestra merced razón.

La expresión «en verdad en verdad» es una manera proverbial de dar más énfasis a la conversación y se repite varias veces en el Nuevo Testamento. El Señor Jesús gustaba emplearla para llamar la atención de sus oyentes y conseguir de éstos un mayor crédito a sus palabras. Así, por ejemplo, en Juan: «En verdad, en verdad te digo que nosotros hablamos de lo que sabemos, y de lo que hemos visto damos testimonio» (Juan 3:11).

Capítulo XLII

Porque en verdad te digo que de todo aquello que la mujer del juez recibiera ha de dar cuenta al marido en la residencia universal, donde «pagará con el cuatro tanto» en la muerte las partidas de que no se hubiese hecho cargo en la vida.

«Pagar con el cuatro tanto» significa hacer entrega por cuadruplicado del valor de una cosa; dar el cuatro por uno.

En todo este pasaje, que forma parte de los consejos de Don Quijote al futuro gobernador de la ínsula la Barataria, y especialmente en la frase subrayada, se advierten claras reminiscencias de la historia evangélica de Zaqueo el publicano.

Al comentar las cuentas que el juez había de presentar en la «residencia universal», Martín de Riquer dice que se trata de «las cuentas que rinden los que ostentan algunos cargos públicos». Esto apunta con más fuerza hacia Zaqueo, que, no obstante ser judío, se hallaba al servicio de Roma como recaudador de contribuciones.

Convertido por el mismo Señor Jesús y arrepentido de sus desfalcos, «Zaqueo, puesto en pie, dijo al Señor: He aquí, Señor, la mitad de mis bienes doy a los pobres, y si en algo he defraudado a alguno, lo vuelvo *con el cuatro tanto»* (Lucas 18:8. Versión RV).

* * *

Si acaso doblares la vara de la justicia, no sea con el peso de la dádiva, sino con el de la misericordia.

Paráfrasis del Salmo 45:6: «Tu trono, oh Dios, eterno y para siempre; vara de justicia la vara de tu reino» (Versión RV).

Capítulo XLIII

Este último consejo que ahora darte quiero, puesto que no sirve para adorno del cuerpo, quiero que lo lleves muy en la memoria, que creo que no te será de menos provecho que los que hasta aquí te he dado, y es que «jamás te pongas a discutir de linajes, a lo menos, comparándolos entre sí...».

Tocante a este consejo, Clemencín hace notar que aunque Don Quijote lo llama último, sigue con otro sobre el modo de vestirse, que es realmente por donde acaba. Éste, que se refiere a las inconveniencias de disputar tontamente sobre cuestiones genealógicas, está inspirado en otro que diera Pablo a Timoteo y a Tito sobre el mismo asunto: «Evita las cuestiones necias, las genealogías y las contiendas y debates sobre la Ley, porque son inútiles y vanas» (Tito 3:9).

* * *

–Así, que es menester que el que ve la mota en el ojo ajeno, vea la viga en el suyo.

Los orientales siempre han sido muy aficionados a usar expresiones e imágenes hiperbólicas. El Señor Jesús, que gustaba de emplear un lenguaje sencillo, del común del pueblo, no despreciaba el uso de estas imágenes.

En el dicho evangélico que menciona Cervantes hay una lección de moralidad práctica. Somos muy dados a señalar las pequeñas faltas de nuestros semejantes, olvidando los grandes pecados que manchan nuestro carácter, dando con ello lugar a la reprensión divina: «¿Con qué cara te pones a mirar la mota en el ojo de tu hermano, y no reparas en la viga que está dentro del tuyo?» (Mateo 7:3. Versión Torres Amat).

Señalamos la mota, es decir, la ramita, astilla o pajita que limita nuestra visión espiritual y por contraste descuidamos la viga que nos ciega totalmente a las cosas de Dios.

Capítulo XLIV

Yo, aunque moro, bien sé, por la comunicación que he tenido con cristianos, que la santidad consiste en la caridad, humildad, fe, obediencia y pobreza; pero, con todo eso, digo que ha de tener mucho de Dios el que se viniere a contentar con ser pobre si no es de aquel modo de pobreza de quien dice uno de sus mayores santos: «Tened todas las cosas como si no las tuviésedes…».

Se alude aquí al apóstol Pablo, a quien se califica como uno de los mayores santos de Dios, con justa razón, y de quien se dirá más adelante que es el mayor defensor que la Iglesia tendrá jamás.

Aun cuando la cita de este apóstol aparece entrecomillada en el texto de *El Quijote*, no se trata, sin embargo, de una transcripción literal. Pablo no escribió textualmente las palabras que figuran en el texto cervantino, aunque el sentido general es el mismo, como puede apreciarse leyendo el texto bíblico: «Dígoos, pues, hermanos, que el tiempo es corto. Solo queda que los que tienen mujer vivan como si no la tuvieran; los que lloran, como si no llorasen; los que se alegran, como si no se alegrasen; los que compran, como si no poseyesen, y los que disfrutan del mundo, como si no disfrutasen, porque pasa la apariencia de este mundo» (1ª Corintios 7:29-31).

* * *

... Y a esto llaman pobreza de espíritu.

«A esto», es decir, al cumplir los mandamientos del Señor y obrar según sus preceptos, tarea ésta para cuyo cumplimiento se «ha de tener mucho de Dios», según hace decir Cervantes a Benengeli.

El historiador arábigo se refiere a la primera de las nueve bienaventuranzas que pronunció el Señor Jesús en su conocido Sermón del Monte: «Bienaventurados los pobres de espíritu, porque suyo es el reino de los cielos» (Mateo 5:3).

Para comprender bien la aparente contradicción del texto evangélico, «hay que tener presente el carácter mesiánico de las bienaventuranzas, que son como un programa del reino de Dios. En cada una de ellas resaltan dos elementos: una disposición moral o situación aflictiva y una recompensa celeste. Las situaciones aflictivas no deben entenderse en sentido puramente material ni tampoco exclusivamente espiritual. La sola pobreza efectiva carece de suyo de valor moral, y la sola pobreza espiritual fácilmente es ilusoria» (Bover-Cantera).

Maldonado, en su comentario sobre Mateo, tratando de la frase «pobres de espíritu» dice que «la mayor parte de los autores interpretan de los humildes (Hilario, Crisóstomo, el autor de *La obra imperfecta*, Ambrosio, Agustín, Gregorio Niceno, Epifanio, León, Gregorio Magno), los cuales, aunque sean ricos por la hacienda, si son humildes de verdad, merecen el calificativo de pobres de espíritu».

Capítulo XLVII

Porque para decir la verdad, señor Gobernador, mi hijo es endemoniado, y no hay día que tres o cuatro veces no le atormenten los malignos espíritus, y de haber caído una vez en el fuego, tiene el rostro arrugado como pergamino, y los ojos algo llorosos y manantiales.

El relato que el supuesto labrador negociante hace a Sancho de su hijo, tiene una gran semejanza con otro que registran tres de los cuatro Evangelios y que describe la curación de un muchacho epiléptico mediante el poder sanador del Hijo de Dios.

Refiriéndose a Jesús y a los discípulos, Mateo dice que «al llegar ellos a la muchedumbre, se le acercó un hombre, y doblando la rodilla dijo: Señor, ten piedad de mi hijo, que está lunático y padece mucho, porque con frecuencia cae en el fuego y muchas veces en el agua» (Mateo 17:14-15).

Capítulo XLIX

–Todo eso es cosa de risa –respondió el mozo–. El caso es que no me harán dormir en la cárcel cuantos hoy viven.
–Dime, demonio –dijo Sancho–, ¿tienes algún ángel que te saque y que te quite los grillos que te pienso mandar echar?

Sancho alude a uno de los encarcelamientos sufridos por el apóstol Pedro. Habiendo Herodes Agripa matado a Santiago y enterado de que con ello había agradado a los judíos, encarceló a Pedro con la intención de darle muerte también. «La noche anterior al día en que Herodes se proponía exhibirle al pueblo, hallándose Pedro dormido entre dos soldados, sujeto con dos cadenas y guardada la puerta de la prisión por centinelas, un ángel del Señor se presentó en el calabozo, que quedó iluminado, y golpeando a Pedro en el costado, le despertó diciendo: Levántate pronto; y se cayeron las cadenas de sus manos» (Hechos 12:6-7).

Capítulo LI

Cuando esperaba oír nuevas de tus descuidos e impertinencias, Sancho, amigo, las oigo de tus discreciones, de que di por ello gracias particularmente al cielo, el cual «del estiércol sabe levantar los pobres, y de los tontos hacer discretos».

Frase inspirada en el Salmo 113:7: «Que levanta del polvo al pobre y alza del estiércol al desvalido».

Capítulo LII

Que el principal asunto de mi profesión es perdonar a los humildes y castigar a los soberbios.

Esta sentencia se encuentra en diferentes partes del Antiguo y del Nuevo Testamento. Pedro escribe: «Dios resiste a los soberbios y a los humildes da su gracia» (1ª Pedro 5:5).

Capítulo LIII

La vida humana corre a su fin ligera más que el tiempo, sin esperar renovarse si no es en la otra, que no tiene términos que la limiten.

A este pasaje y a su contexto nos hemos referido en la primera parte de este libro y hemos comentado pensamientos parecidos en el capítulo XXII de la segunda parte de *El Quijote*. El pensamiento Cervantino sobre la brevedad de la vida humana está tomado del libro de Job, donde el patriarca, lamentándose de la grandeza de sus dolores, exclama: «Mis días corrieron más rápidos que la lanzadera, pasaron sin dejar esperanza» (Job 7:6).

Usando de figuras semejantes, Cervantes dice en el mismo párrafo que «se fue como en sombra y humo el gobierno de Sancho», metáforas éstas de claras reminiscencias bíblicas. Job 8:9: «Son una sombra nuestros días sobre la tierra», y Salmos 102:4: «Se desvanecen como humo mis días».

* * *

Y llegándose al rucio, le abrazó y le dio un beso de paz en la frente, y no sin lágrimas en los ojos.

El «beso de paz» era una forma de saludo muy acostumbrada en el Oriente «para expresar miramiento y reverencia, así como afecto». Los primeros libros de la Biblia ya tratan de este saludo. En la primitiva Iglesia se usaba como una prenda de paz cristiana y de caridad, y esta costumbre se conservó más o menos por muchos siglos solo entre las personas del mismo sexo, desapareciendo en el siglo de las persecuciones.

Un caso típico lo encontramos en el Evangelio de Lucas. Ante la queja de un fariseo por el derroche que, según él, suponía el derramamiento del valioso ungüento vertido por la pecadora arrepentida a los pies del Señor Jesús, el Maestro responde: «¿Ves? Ha regado mis pies con sus lágrimas y los ha enjugado con sus cabellos. No me diste el ósculo de paz; pero ella, desde que entró, no ha cesado de besarme los pies» (Lucas 7:44-45).

Capítulo LIV

Ruego siempre a Dios me abra los ojos del entendimiento y me dé a conocer cómo le tengo de servir.

El ruego de Ricote está inspirado en un texto de Pedro en su carta a los Efesios: «Alumbrando los ojos de vuestro entendimiento, para que sepáis cuál sea la esperanza de su vocación, y cuáles las riquezas de la gloria de su herencia en los santos» (Efesios 1:18. Versión RV).

Capítulo LVIII

Este sí que es caballero, y de las escuadras de Cristo; éste se llama don «San Diego Matamoros», uno de los más valientes santos y caballeros que tuvo el mundo y tiene el cielo.

Los nombres propios de Diego, Jaime, Jacobo o Santiago, tienen un mismo significado. Cervantes se refiere a Santiago el Mayor, Patrono de España.

Fue llamado para el servicio cristiano mientras pescaba en el mar de Galilea con su padre Zebedeo y con su hermano Juan, también apóstol y evangelista. Santiago era uno de los discípulos predilectos del Maestro. Con su hermano Juan y con Pedro se halló presente en la Transfiguración del Señor, ocurrida en el monte Hermón, y en su agonía, cuando en el monte de los Olivos el Señor Jesús oró y «sudó como gruesas gotas de sangre, que corrían hasta la tierra» (Lucas 22:44).

Después de la ascensión del Señor, Santiago ejerció un ministerio muy eficaz en la naciente Iglesia. La tradición cristiana dice que visitó España en un viaje de evangelización, allá por los años 34 al 36 de nuestra Era. Finalmente, Santiago fue víctima de la persecución decretada por Herodes contra los cristianos, siendo asesinado «por la espalda» en Jerusalén el año 44 de la Era cristiana (Hechos 12:1-2).

* * *

Luego descubrieron otro lienzo, y pareció que encubría la caída de San Pablo del caballo abajo, con todas las circunstancias que en el retablo de su conversión suelen pintarse. Cuando le vido tan al vivo, que dijera que Cristo le hablaba y Pablo respondía.

La conversión de Saulo de Tarso en el apóstol Pablo se relata tres veces en los Hechos de los Apóstoles. En el primer caso es Lucas, haciendo de historiador, quien nos transmite fielmente las circunstancias de la conversión, transcribiendo el diálogo entre el Cristo glorioso y el perseguidor de Damasco, oído seguramente del mismo Pablo durante el tiempo que peregrinaron juntos el médico gentil y el filósofo hebreo. Los otros dos relatos son hechos por el propio Pablo, una vez dirigiéndose al pueblo y otra al rey Agripa.

La narración de Lucas, que nos tomamos la libertad de transcribir íntegra, muestra que «Dios deja ir al hombre hasta donde puede arrastrarlo su pasión para hacerle ver un día desde dónde su gracia ha podido hacerlo volver».

Deléitese el lector con este relato inspirado, tal vez el más importante y el de más trascendencia en el Nuevo Testamento, después de los evangelios: «Saulo, respirando amenazas de muerte contra los discípulos del Señor, se llegó al sumo sacerdote, pidiéndole cartas de recomendación para las sinagogas de Damasco, a fin de que si allí hallaba quienes siguiesen este camino, hombres y mujeres, los llevase atados a Jerusalén. Estando ya cerca de Damasco, de repente se vio rodeado de una luz del cielo, y cayendo a tierra oyó una voz que le decía: Saulo, Saulo, ¿por qué me persigues? Él contestó: ¿Quién eres, Señor? Y Él: Yo soy Jesús, a quien tú persigues. Levántate y entra en la ciudad, y se te dirá lo que has de hacer. Los hombres que le acompañaron quedaron atónitos oyendo la voz, pero sin ver a nadie. Saulo se levantó de tierra, y con los ojos abiertos nada veía. Lleváronle de la mano y le introdujeron en Damasco, donde estuvo tres días sin ver y sin comer ni beber» (Hechos 9:1-9).

* * *

–Éste –dijo Don Quijote– fue el mayor enemigo que tuvo la Iglesia de Dios Nuestro Señor en su tiempo, y el mayor defensor suyo que tendrá jamás...

Nacido en Tarso, en Cilicia, Saulo fue educado como «hebreo, hijo de hebreo» (Filipenses 3:5), en la más estricta observancia de la Ley judía. Cuando hubo alcanzado la edad reglamentaria fue enviado a Jerusalén, donde completó su educación en la escuela del rabino más discutido de aquella época, el famoso Gamaliel.

Obedeciendo la severa disciplina farisaica, Saulo llegó a convertirse en decidido defensor del judaísmo y, como apunta el hidalgo manchego, en enconado enemigo y perseguidor del cristianismo. Tras la muerte de Esteban, cuyo martirio se cree influyó fuertemente en el espíritu religioso del joven Saulo, éste «devastaba la iglesia, y entrando en las casas, arrastraba a los hombres y mujeres y los hacía encarcelar» (Hechos 8:3). El mismo Saulo, defendiéndose ante el rey Agripa, testifica: «yo me creí en el deber de hacer mucho contra el nombre de Jesús Nazareno, y lo hice en Jerusalén, donde encarcelé a muchos santos, con poder que para ello tenía de los príncipes de los sacerdotes, y cuando eran muertos, yo daba mi voto» (Hechos 26:9-11). Después de su conversión, el perseguidor se convirtió en perseguido y en defensor valiente de la doctrina que antes aborrecía.

***

... Caballero andante por la vida, y santo a pie quedó por la muerte, trabajador incansable en la viña del Señor, doctor de las gentes...

A Pablo le gustaba firmarse «doctor de los gentiles» (1ª Timoteo 2:7), título que revelaba el carácter de su misión. Bien que su predicación era de tono amplio, universal, su principal objetivo lo constituían los gentiles. Para ellos había sido llamado al ministerio cristiano y por ellos sentía una vocación especial. El Señor hubo de vencer los naturales escrúpulos de Ananías hablándole del ministerio singular que pensaba encomendar al nuevo convertido: «Vaso de elección es éste para mí, para llevar mi nombre en presencia tanto de gentiles como de reyes e hijos de Israel» (Hechos 9:13). Nótese que en el llamamiento divino los gentiles ocupan el primer lugar. Solamente en segundo término el ministerio de Pablo se extendería a los reyes e hijos de Israel. Y el antiguo perseguidor cumplió fielmente el cometido divino. Los demás apóstoles y maestros tenían más apego por el judaísmo, por los dogmas, ritos y ceremonias de la religión en que habían nacido, pero Pablo se opuso enérgicamente a todo eso, llegando incluso a reprender públicamente a Pedro y esforzándose por derribar la pared divisoria que existía entre los judíos y gentiles, poniendo de manifiesto con su vida y con su predicación que todos somos «uno en Cristo».

«Trabajador incansable» lo llama Don Quijote, y ciertamente lo fue. Dedicó todas las facultades de su espíritu ardiente y enérgico a la defensa y propagación del Evangelio de Cristo. En un pasaje autobiográfico, emotivo y sincero, Pablo nos da a conocer parte de sus luchas, trabajos y sufrimientos: «Con sonrojo mío lo digo –empieza el apóstol–, como si nos hubiéramos mostrado débiles. En aquello en que cualquiera ose gloriarse, en locura lo digo, también osaré yo. ¿Son hebreos? También yo. ¿Son ministros de Cristo? Hablando en locura, más yo; en muchos trabajos, en muchas prisiones, en muchos azotes, en frecuentes peligros de muerte. Cinco veces recibí de los judíos cuarenta azotes menos uno. Tres veces fui azotado con varas, una vez fui apedreado, tres veces padecí naufragios, un día y una noche pasé en los abismos del mar; muchas veces en viajes me vi en peligros de ríos, peligros de ladrones, peligros de los de mi linaje, peligros de los gentiles, peligros en la ciudad, peligros en el desierto, peligros en el mar, peligros entre los falsos hermanos, trabajos y miserias, en prolongadas vigilias, en hambre y sed, en ayunos frecuentes, en frío y en desnudez; esto sin hablar de otras cosas, de mis cuidados de cada día, de la preocupación por todas las iglesias (2ª Corintios 11:21-28).

* * *

A quien sirvieron de escuela los cielos y de catedrático y maestro que le enseñase el mismo Jesucristo.

Efectivamente: tal como apunta Cervantes, Pablo recibió su Evangelio, es decir, las verdades cristianas que creía y predicaba directamente de Jesucristo. Después de su brusca conversión, el apóstol marchó a los desiertos de Arabia, donde permaneció tres años estudiando la Ley judía a la luz de la nueva revelación que había recibido del cielo. El mismo Señor que se le apareció en el camino de Damasco y que transformó completamente sus sentimientos religiosos, estuvo con él durante todo ese tiempo en el desierto, iluminando su mente por medio de sucesivas revelaciones especiales. De esta enseñanza divina se enorgullece Pablo y a ella se refiere para defender ante los Gálatas la legitimidad y origen divino de su apostolado.

«Porque os hago saber, hermanos –escribe Pablo–, que el Evangelio por mí predicado no es de hombres, pues yo no lo recibí de los hombres, sino por revelación de Jesucristo» (Gálatas 1:11-12). Puede verse todo este primer capítulo de la epístola de Pablo a los Gálatas.

* * *

Ellos conquistaron el cielo a fuerza de brazos, porque el cielo padece fuerza, y yo hasta agora no sé lo que conquisto a fuerza de mis trabajos.

Frase del Señor Jesús registrada en el Evangelio de Mateo: «Desde los días de Juan el Bautista hasta ahora es entrado por fuerza el reino de los cielos, y los valientes lo arrebatan» (Mateo 11:12).

***

> *En verdad; en verdad, que muchas veces me paro a mirar a vuestra merced desde la planta del pie hasta el último cabello de la cabeza y que veo más cosas para espantar que para enamorar.*

Paráfrasis del profeta Isaías: «Desde la planta de los pies hasta la cabeza, no hay en él nada sano» (Isaías 1:6).

Capítulo LX

> *... Y que de allí a cuatro días, que era el de San Juan Bautista, se le pondría en mitad de la playa de la ciudad, armado de todas su armas, sobre Rocinante, su caballo.*

Los comentaristas de *El Quijote* no están de acuerdo acerca de qué efemérides de Juan Baustista se refiere Cervantes. Unos se inclinan por el día de la Natividad, 24 de junio, y otros por el de la Degollación, 29 de agosto.

El nacimiento del Bautista estuvo rodeado por una serie de hechos sobrenaturales que anticiparon el carácter divino de su misión como precursor del Mesías. Fue el más austero de los personajes novotestamentarios y su modo de vivir tuvo una gran semejanza con el de Elías, con quien llegaron a identificarle.

Nacido antes que Jesús, le cupo el gran privilegio de bautizar al Señor en las aguas del Jordán. Su valiente predicación y su atrevida condenación de la conducta moral de Herodes Antipas, le acarrearon la muerte. Fue degollado por instigación de Herodías, a quien también reprochaba su unión ilegal con el hermano de su marido.

El escalofriante relato bíblico que trata de su muerte pone de manifiesto las perversidades monstruosas de aquellos personajes contemporáneos de Cristo, quienes veían en la nueva doctrina la condenación más severa al modo de vivir y de obrar a que estaban acostumbrados. Dice Marcos: «Llegado un día oportuno, cuando Herodes en su cumpleaños ofrecía un banquete a sus magnates, y a los tribunos, y a los principales de Galilea, entró la hija de Herodías y danzando, gustó a Herodes y a los comensales. El rey dijo a la muchacha: Pídeme lo que quieras y te lo daré. Y le juró: Cualquier cosa que me pidas te la daré, aunque sea la mitad de mi reino. Saliendo ella dijo a su madre: ¿Qué quieres que pida? Ella respondió: La cabeza de Juan el Bautista. Entrando luego con presteza, hizo su petición al rey, diciendo: Quiero que al instante me des en una bandeja la cabeza de Juan el Bautista. El rey, entristecido por su juramento y por los convidados, no quiso desairarla. Al instante envió el rey un verdugo, ordenándole traer la cabeza de Juan. Aquél se fue y le degolló en la cárcel, trayendo su cabeza en una bandeja, y se la entregó a la muchacha, y la muchacha se la dio a su madre. Sus discípulos que lo supieron vinieron y tomaron el cadáver y lo pusieron en un monumento» (Marcos 6:21-29).

Capítulo LXII

Y la enhorabuena que vuesa merced dijo sea para mí y para todos mis descendientes, si de hoy más, aunque viviese más años que Matusalén, diera consejo a nadie, aunque me lo pida.

Matusalén fue hijo de Enoc y padre de Lamec, según la cronología del capítulo 3 de Lucas. Vivió novecientos sesenta y nueve años, siendo la suya la vida más larga que la historia ha registrado. El texto bíblico dice que «fueron todos los días de Matusalén novecientos sesenta y nueve años, y murió» (Génesis 5:27).

Su muerte ocurrió exactamente un año antes del diluvio.

Capítulo LXVIII

Yo velo cuanto tú duermes.

Reminiscencia literaria del Cantar de los Cantares: «Yo duermo, pero mi corazón vela» (Cantares 5:2).

* * *

Por mí te has visto Gobernador, y por mí te ves esperanzas propincuas de ser conde o tener otro título equivalente, y no tardará el cumplimiento de ellas más de cuanto tarde en pasar este año, que yo «post tenebras spero lucem».

«Este emblema se ha tomado del libro de Job (c. 7, v. 12), y lo usó en las portadas de sus obras el impresor Juan de la Cuesta, que es quien publicó las primeras ediciones de *El Quijote*, de las Novelas, del Persiles y tal vez de otras obras de Cervantes, poniéndolo alrededor de un escudo, dentro del cual se ve puesto sobre una mano un halcón que tiene la cabeza partida con el capirote, según se llevaba a esta especie de aves para la caza de cetrería, y debajo un león durmiendo» (Clemencín).

El texto de Job dice: «La noche me la convierten en día y de las tinieblas me prometen próxima luz».

* * *

Sola una cosa tiene mala el sueño, según he oído decir, y es que se parece a la muerte, pues de un dormido a un muerto hay muy poca diferencia.

El parecido que Sancho hace entre el sueño y la muerte está basado en la historia de la resurrección de Lázaro. Enterado Jesús de la muerte de su amigo, dice a los discípulos: «Lázaro, nuestro amigo, está dormido; pero yo voy a despertarlo. Dijéronle entonces los discípulos: Señor, si duerme sanará. Hablaba Jesús de su muerte, y ellos pensaban que hablaba del descanso del sueño» (Juan 11:11-13).

* * *

Si los escuderos fuéramos hijos de los caballeros a quien servimos o parientes suyos muy cercanos, no fuera mucho que nos alcanzaran las penas de sus culpas hasta la cuarta generación.

Éstas son palabras del Decálogo, donde se prohibe terminantemente la adoración de imágenes. La Sagrada Escritura sentencia diciendo: «No te postrarás ante ellas, y no las servirás, porque yo soy Yavé, tu Dios, un Dios celoso que castiga en los hijos las iniquidades de los padres hasta la tercera y cuarta generación de los que me odian, y hago misericordia hasta mil generaciones de los que me aman y guardan mis mandamientos» (Éxodo 20:5-6).

Capítulo LXIX

Humíllate, Nembrot soberbio, y sufre y calla, pues no te piden imposibles.

Nembrot o Nemrod fue el fundador del imperio de los asirios y un gran guerrero que logró dominar muchos pueblos. Nemrod viene a ser para los hebreos como el Hércules de los griegos. La Biblia destaca su gran afición por la caza, probablemente de fieras salvajes, que hacía insegura la vida del hombre. Son muy celebrados los bajorrelieves de Asiria, donde se representan escenas de caza de fieras. En la genealogía de los descendientes de Noé se dice de Nemrod: «Cus engendró a Nemrod, que fue quien comenzó a dominar sobre la tierra, pues era un robusto cazador ante Yavé, y de ahí se dijo: "Como Nemrod, robusto cazador ante Yavé"» (Génesis 10:8-9).

* * *

No tienen más que hacer sino tomar una gran piedra y atármela al cuello y dar conmigo en un pozo.

Frase tomada de los Evangelios, relativa al castigo que han de sufrir aquellos que inducen a pecar a los cristianos sencillos e ingenuos. «Al que escandalizara a uno de estos pequeñuelos que creen en mí, más le valiera que le colgasen al cuello una piedra de molino de asno y le arrojaran al fondo del mar» (Mateo 18:6).

Capítulo LXXIV

Hallóse el escribano presente y dijo que nunca había leído en ningún libro de caballerías que algún caballero andante hubiese muerto en su lecho tan sosegadamente y tan cristianamente como Don Quijote, el cual, entre compasiones y lágrimas de los que allí se hallaron, «dio su espíritu», quiero decir que se murió.

En la Biblia se define la muerte como la entrega del espíritu, es decir, la separación de lo espiritual e inmortal de lo material y perecedero. El espíritu para volver a «Dios que lo dio» y el cuerpo para descender a nuestra madre la tierra. «Jesús, habiendo otra vez exclamado con gran voz, dio el espíritu» (Mateo 27:50. Versión RV).

Las referencias bíblicas en *El Quij*ote empiezan y terminan con el gran tema, tema que no tiene igual entre los más importantes que se plantean al hombre de nuestra personalidad espiritual, de ese principio vital que anima nuestra existencia y hace funcionar todo nuestro cuerpo. En el primer prólogo de su genial obra, Cervantes ya nos dice que en lo escondido de nuestro cuerpo albergamos un alma donde tiene su asiento nuestra inteligencia, nuestros sentimientos, nuestra voluntad y, en definitiva, todos nuestros deseos humanos; en su último capítulo el ilustre castellano nos enseña que el espíritu es la parte más importante de nuestro ser, aquella que nos pone en contacto con nuestro Creador, a cuya imagen espiritual estamos formados. Este espíritu seguirá viviendo tras la muerte del cuerpo terrenal y habitará un día en el glorioso cuerpo espiritual de la resurrección.

La de Cervantes fue una vida de fe. Fe en lo eterno, donde esperaba hallar la comprensión a las muchas incomprensiones que esta vida le acarreó. Las miserias de lo terrenal y pasajero serían mitigadas en el reino espiritual, eterno. No podía entenderlo de otra forma quien dio pruebas en todo tiempo de la grandeza de su espíritu.

Con una habilidad y objetividad extraordinarias, poniendo en ello su cansado corazón y su vida entera, Cervantes logró infundir esa misma fe en su hijo, el *Ingenioso Hidalgo Don Quijote de la Mancha*. Así lo entiende y así lo expone ese ruso quijotesco, Tourgueneff, en su estudio sobre Hamlet y Don Quijote, que Astrana Marín cita en su estudio crítico sobre Cervantes y El Quijote: «¿Qué representa Don Quijote? –se pregunta Tourgueneff–. Ante todo, la fe; la fe en algo eterno, inmutable, en la verdad, en aquella verdad que reside fuera del yo, que no se entrega fácilmente, que quiere ser cortejada y a la cual nos sacrificamos, pero que acaba por rendirse a la constancia del servicio y a la energía del sacrificio...

»La muerte de Don Quijote inunda el alma de indecible emoción. Entonces es cuando el gran carácter del personaje se revela a todas las miradas. Cuando su escudero, para consolarle, le dice que pronto volverán a correr nuevas aventuras. No –responde el moribundo–; yo fui loco y ya soy cuerdo; fui Don Quijote de la Mancha y ahora Alonso Quijano el Bueno ¡Alonso el Bueno! ¡Qué notabilísima palabra! Este nombre evocado aquí por primera y última vez conmueve singularmente al lector. Todo pasa, dignidades, poderes, genio universal; todo se convierte en polvo. Todo excepto las buenas obras; éstas viven más que la fulgurante belleza. Todo pasa, ha dicho el apóstol, solo la caridad vivifica».

Índice de citas bíblicas*

Génesis: 1:27; 2:7; 2:21-24; 3:16; 3:17-19; 5:27; 10:8-9; 19:26; 21:1-2; 23:19.
Éxodo: 16:13; 20:5-6.
Deuteronomio: 30:19.
Jueces: 16:1-3; 16:28-30.
1º Samuel: 16.
2º Samuel: 11 y 12.
1º Reyes: 10:1-10; 17:45.

* Todas estas citas de la Biblia se encuentran en el texto de *El Quijote*. Unas veces –las menos– se señalan expresamente, otras se identifican sin mucho esfuerzo, especialmente cuando tienen que ver con personajes bíblicos, pero las más de las veces aparecen veladas, siendo difícil su identificación. Aquí hemos consignado solamente aquellas que nos han servido para comentar los pasajes de *El Quijote*, es decir, las que figuran en la segunda parte de *El Quijote en la Biblia*.

Las pocas que figuran en la primera parte no las hemos incluido en esta lista, ya que no aparecen para nada en la obra de Cervantes. Es digno de admirar el elevado número de citas bíblicas que de una u otra manera se encuentran diseminadas por el texto de *El Quijote*.

2º Reyes: 2:1; 22.
1º Crónicas: 21:1.
Nehemías: 9:36-37; 12:22.
Job: 1:21; 5:18; 7:6; 8:9; 17:12; 23:10.
Salmos: 9:17; 42:7; 45:6; 51:2; 90:5; 102:4; 111:10; 113:7; 132:11; 139:1-2.
Proverbios: 6:6-8; 12:4; 16:31; 17:6; 18:21; 22:6; 27:2; 31:10.
Eclesiastés:1:15; 3:1-8; 7:1.
Cantares: 2:1-2; 5:2; 7:8.
Isaías: 1:6; 14:12-15; 40:6-7.
Jeremías: 10:10; 22:15.
Daniel: 4:25-30.
Jonás: 2:1.
Zacarías: 2:8.
Mateo: 1:21; 2:22-23; 5:3; 5:34-35; 5:43-44; 5:45; 6:2; 6:14-15; 6:26-30; 7:3; 7:13-14; 10:29-30; 11:12; 11:28-30; 12:14; 12:36; 12:40; 13:19; 13:44-46; 14:30-31; 17:14-15; 18:6; 18:15; 20:18; 22:37; 26:14-16; 26:26-29; 26:65; 27:50.
Marcos: 5:1-7; 6:21-29; 10:25; 14:34.
Lucas: 1:37; 2:1-20; 3:16; 4:18-19; 6:27-28; 6:45-46; 7:44-45; 10:5; 10:3-37; 16:15; 16:1931; 16:22-23; 18:14; 19:18; 22:44; 22:54-62.
Juan: 1:46; 3:11; 5:24; 10:1; 10:37-38; 11:11-13; 13:37-38; 14:27; 17:21; 18:40; 20:19.
Hechos: 1:7; 4:32; 8:3; 9:1-9; 9:5; 9:13; 12:1-2; 12:6-7: 14:8-14; 17:28; 24:5; 26:24.
Romanos: 7:1-3.
1ª Corintios: 4:1; 7:29-31; 9:24-26; 12:20-26; 13:6; 15:8-9.
2ª Corintios: 4:17-18; 8:9; 11:14; 21:28.
Gálatas: 1:11; 2:20.
Efesios: 1:18; 5:8; 5:22.
Filipenses: 3:5.
2ª Tesalonicenses: 2:9.
1ª Timoteo: 2:7; 3:4-5; 3:16; 5:3-7.
2ª Timoteo: 3:14-17.
Tito: 3:9.
Santiago: 2:26.
1ª Pedro: 1:7; 5:5.
2ª San Pedro: 2:21.
1ª San Juan: 4:10.
Judas: 12.
Apocalipsis: 20:10; 20:11-15.

SEGUNDA PARTE

DON QUIJOTE EN BARCELONA

Capítulo I

CERVANTES Y BARCELONA

La última biografía de Cervantes que conozco es la que acaba de publicar en octubre del pasado 2004 el historiador Alfredo Alvar, miembro del Instituto de Historia del Consejo Superior de Investigaciones Científicas. Le ha puesto por título «Cervantes, genio y libertad».[1]

Insiste Alvar en lo que ya se ha dicho hasta La saciedad: Que la vida de Cervantes podría ser una novela de aventuras: Cárceles, guerras, cautiverios, amores, éxitos, fracasos, desengaños, una existencia azarosa hasta rozar los límites.

Nadie ha sido tan citado, admirado, respetado, interpretado como Cervantes. Nadie ha suscitado tantas ideas encontradas.

Errante siempre.

Desde el corazón de la Mancha surgen sendas que llegan a toda la geografía española. España entera late en las páginas de la obra cervantina. El mallorquín Miguel Santos Oliver, autor de una «Vida de Cervantes» publicada en 1917, nos lo recuerda. Cervantes –dice– pisó todos los caminos, descansó en todas las ventas, codeóse con toda suerte de andariegos. La mirada de Cervantes se espació en largas contemplaciones y de ella surgió el panorama nacional más vasto y complejo.[2]

En peregrinación por los caminos del mundo, de su mundo, ¿llegó Cervantes hasta Cataluña? ¿Estuvo en Barcelona? Detalle importante a favor: Cuando Cervantes escribió «Las dos Doncellas», una de las «Novelas Ejemplares» a la que volveré más adelante, publicada por primera vez en Madrid en 1613, deja constancia de estar muy bien enterado de la vida barcelonesa.

---

1. Alfredo Alvar Ezquerra, *Cervantes, genio y libertad,* Ediciones Temas de Hoy, Madrid 2004.

2.Miguel Santos Oliver, *Vida y semblanza de Cervantes* en *Don Quijote de la Mancha,* Montaner y Simón, Barcelona 1970, tomo I, p. LXXX.

El tema ha sido objeto de estudios pormenorizados como «Elogios de Cervantes a Barcelona», de Juan Suñé Benages, «Cervantes y sus elogios a Barcelona», de Manuel de Montoliu y José María Casas, y otros.[3]

El académico Martín de Riquer, autoridad cervantina unánimemente reconocida, interviene en el debate. Constata que «es rigurosamente cierto que Cervantes, en ninguna de sus obras, afirmó que hubiese residido en Barcelona y que no se conoce ningún documento fehaciente contemporáneo que atestigüe que en algún momento de su existencia el escritor morara en la capital catalana.

Con todo, Martín de Riquer no salda la polémica en negativo. Añade: «Pese a ello la mayoría de los biógrafos respetables, antiguos y modernos, dan como cosa cierta que Cervantes conoció Barcelona».[4]

Manuel de Montoliu, profesor de literatura española en algunas Universidades extranjeras, se pronuncia a favor de la estancia de Cervantes en Barcelona. Refiere los elogios que Cervantes tributa a Barcelona y añade: «Lo primero que acude a la mente del lector de esos elogios, referencias y alusiones tan saturadas de cordial simpatía, es que no se explican por un mero y consciente prurito de alabanza. No pueden tener más que una explicación fundamental, que resumiremos en dos afirmaciones. La primera, que el glorioso Manco de Lepanto estuvo, y no por una breve temporada, en Barcelona y otras partes de Cataluña. La segunda, que estuvo unido por estrechos lazos de amistad con algunos catalanes y ciudadanos barceloneses de su tiempo».[5]

Si en palabras de Martín de Riquer se da como cosa cierta que Cervantes estuvo en Barcelona, ¿en qué época de su vida? Los documentos que más garantías ofrecen señalan el año 1569, cuando Cervantes contaba 22 años, en la escala de su viaje a Italia. Tanto si continuó camino a Italia por tierra como si lo hizo por mar, se conjetura que el joven aventurero se detendría en la capital catalana.

---

3. Martín de Riquer, *Para leer a Cervantes,* Ediciones Acantilado, Barcelona 2003, p. 291.
4. Martín de Riquer, obra citada, p. 292.
5. Manuel de Montoliu, folleto de 16 páginas sobre *Cervantes y Barcelona,* Barcelona 1948.

Esta hipótesis de la estancia de Cervantes en Barcelona parece avalada por referencias que figuran en los libros segundo y quinto de «La Galatea», novela pastoril publicada por primera vez en 1585.

Escribo en el otoño del año 2004. Dando por hecho que Cervantes estuvo en Barcelona en 1569, han transcurrido 435 años. ¿Cómo era Barcelona entonces, cuatro siglos y medio en la distancia?

La Barcelona de la mitad del siglo XVI tenía unos 35.000 habitantes. Era una ciudad fuerte, esplendorosa, primer puerto del Mediterráneo. Camino abierto a las rutas del Nuevo Mundo. Destacaban en ella suntuosos palacios, impresionantes templos, amplias fábricas y calles históricas que imponían un sello de señorío, de riqueza y de magnificencia.

Aquella Barcelona se animaba en fiestas, brillaba con la gloria de su nobleza, su tradición marinera, su pujanza comercial, su tráfico terrestre, sus leyes y sus fueros.

«Esta Barcelona debió ver Cervantes –escribe el dramaturgo catalán Luis Gonzaga Manegat–. Pudo admirar el señorío de la calle Moncada, de la plaza del Barne y de otras calles barcelonesas... En ella recibió, sin duda, pruebas de deferencia y de cariño a las que en su trabajosa y malaventurada vida no estaba muy acostumbrado».[6]

En el número 2 del paseo de Colón de Barcelona, muy próxima a la plaza de Antonio López, existe hoy día una casa considerada «la casa de Cervantes». Martín de Riquer la describe como «una casa estrecha y de cinco pisos, altura no frecuente en la ciudad vieja, donde los edificios más altos tenían a lo sumo tres; su fachada revela que fue construida a mediados del siglo XVI. De sobria decoración, en las dos ventanas del tercer piso hay unos medallones con una cabeza masculina en la que algunos creen ver un retrato de Cervantes».[7]

¿Vivió en esta casa el príncipe de los ingenios, el mortal inmortal autor de Don Quijote?

Un cervantista de primera fila, Luis Astrana Marín, considera una «lástima que desconozcamos el sitio que sirvió de albergue a Cervantes en la ciudad condal». Añade que una conseja, y no pasa

---

6. Luis G. Manegat, *La Barcelona de Cervantes,* Plaza y Janes, Barcelona 1964, pp. 8 y 9.

7. Martín de Riquer, o.c., p. 287.

de conseja, lo sitúa en el número 20 antiguo del paseo de Colón. Martín de Riquer lo identifica, como ya queda escrito, en el número 2 de dicho paseo.

Otros cervantistas catalanes de prestigio se muestran de acuerdo con Martín de Riquer. Concuerdan que sí, que Cervantes vivió por un tiempo en Barcelona, en la casa del paseo de Colón número 2. Y acumulan argumentos a favor de la teoría. Alegan que no pudo disponer de mejor observatorio para captar las imágenes absorbentes, desde la selva catalana hasta la playa barcelonesa, desde el hechizo de la ciudad hasta la hermosura de los cielos, que el autor recrea en textos del Quijote, «El Persiles», «Las dos Doncellas», y «La Galatea».

El fervor cervantista que siempre ha distinguido al país catalán se inicia cuando la novela, la mejor novela en la historia de la literatura, llega a sus dominios.

La primera edición que se hace del Quijote en Cataluña tiene lugar en 1617, dos años después de la publicación de la segunda parte. En la imprenta barcelonesa de Sorita y Mathevat se imprimen en un solo tomo la primera y segunda parte del Quijote.

Desde entonces hasta nuestros días, el cervantismo catalán ha multiplicado las ediciones del Quijote y demás libros de Cervantes. Citar aquí nombres de autores y títulos de libros, que por demás figuran en catálogos especializados al alcance de quien los desee, sería exhaustivo y desbordaría los fines de este trabajo.

Entre lo último publicado quiero destacar la excelente versión del académico y filólogo catalán Francisco Rico, publicada por «Galaxia Gutemberg» en octubre de 2004. Casi un centenar de filólogos curtidos han colaborado haciendo notas para este volumen de 1.349 páginas, con un prólogo de Fernando Carreter. Acompaña la obra otro tomo de 1.446 páginas que constituye «una enciclopedia quijotesca con lo mejor que se ha escrito y contado sobre la obra»: «Las lecturas del Quijote», las «Notas complementarias», el «Aparato crítico» y «La biblioteca del Quijote». Además, una amplia selección de ilustraciones de época y de imágenes realizadas por artistas en los últimos cuatro siglos. La versión ha sido considerada como el Quijote definitivo, donde se buscan las raíces del tronco.

Tres años antes, 2001, Rico publicó una primera versión de esta obra, en un solo volumen en la editorial «Crítica». Con el texto del

Quijote se ofrecía un CD Rom. Son los tiempos modernos. Pero el Quijote no es para ser leído en internet. Hay que tocar el papel. El placer de la lectura es también físico.

Cuando escribo este trabajo llega la noticia de la muerte del investigador y cervantista Josep Maria Casasayas, natural de Palma de Mallorca, ocurrida el 27 de septiembre de 2004 a la edad de 77 años.

Casasayas dedicó casi toda su vida a una personal traducción del Quijote al catalán, en sus variantes dialécticas mallorquinas y de otros ámbitos territoriales. Para conocer mejor la persona y la obra de Cervantes logró reunir una biblioteca de 25.000 libros. Apasionado por las fábulas y el idioma del Quijote, poseyó varios autógrafos excepcionales de Cervantes y presidió la Asociación de Cervantistas.

El fervor, la devoción, el amor que Cataluña siente hacia Cervantes es una justa correspondencia. Con el prodigio de su pluma, Cervantes enalteció a Barcelona, la glorificó y la dejó encumbrada para siempre en las páginas de libros que se leen en multitud de países.

La fe viva y ardiente de aquella Barcelona de los primeros años del siglo XVI fue tratada por Cervantes en «Persiles y Segismunda», «Viaje al Parnaso», «El trato de Argel», «La Galatea» y «La fuerza de la sangre», algunas de sus novelas ejemplares. Pero fue en «Las dos Doncellas», y más ampliamente en el Quijote, donde el maestro da a la ciudad un particular timbre de distinción, en consonancia con el brillante historial de sus edificios y de sus gentes.

En «Las dos Doncellas», que, según Valbuena Prat corresponde al grupo de novelas italianizantes e idealistas en la abundante obra cervantina, Rafael y Calvete hablan de Barcelona con férvido elogio. Llegando a ella antes de la puesta del sol, «admiróles el hermoso sitio de la ciudad, y la estimaron por flor de las bellas ciudades del mundo, honra de España, temor y espanto de los circunvecinos y apartados enemigos, regalo y delicia de sus moradores, amparo de los extranjeros, escuela de la caballería, ejemplo de lealtad y satisfacción de todo aquello que de una grande, famosa, rica y bien fundada ciudad puede pedir un discreto y curioso deseo».[8]

---

8. Miguel de Cervantes, *Obras Completas,* Aguilar Ediciones, Madrid 1970, tomo II, p. 1132.

Los elogios a Barcelona, señora del Mediterráneo, se repiten en la segunda parte del Quijote. Abandonada Cataluña, amo y escudero emprenden camino a La Mancha. En una posada entablan conversación con un tal Don Álvaro Tarfe, descendiente del antiguo linaje de los moros Tarfes de Granada. Hablan de Zaragoza y Don Quijote aclara: «En todos los días de mi vida no he estado en Zaragoza... Me pasé de claro a Barcelona, archivo de la cortesía, albergue de los extranjeros, hospital de los pobres, patria de los valientes, venganza de los ofendidos, y correspondencia grata de firmes amistades, y en sitio y en belleza única».[9]

Con los textos de «Las dos Doncellas» y el Quijote ante sí, Astrana Marín advierte que la voz «extranjero» está empleada en la acepción de forastero. «Y si a ello se adiciona el conocido requiebro de "correspondencia grata de firmes amistades", surge claro como la luz que Cervantes alude a su persona y a favores que recibió de amigos fieles en la capital del principado».[10]

Si hemos de creer a Agustín González de Amezúa, uno de los más prestigiosos investigadores del Siglo de Oro, «de ninguna otra provincia de España ni habitadores suyos escribió Cervantes tantos y tan calurosos elogios» como lo hizo de Barcelona.[11]

Los elogios a Barcelona contenidos en el Quijote están expresados en términos parecidos a los que se leen en «Las dos Doncellas». En el Quijote adquieren valor superior por la disminución de Zaragoza –«en todos los días de mi vida no he estado en Zaragoza»– y el ensalzamiento de Barcelona.

Manuel de Montoliu, ya citado, concentra los elogios de Cervantes en siete grupos y los comenta por separado en un bello ejercicio descriptivo. Leer sus palabras es una auténtica delicia. Montoliu explora la historia, expone la geografía, cultiva la literatura y se adentra en la poesía. En total escribe solamente diez páginas de texto, pero el lector queda prendido en la narración. Ésta concluye con palabras de Don Quijote en el capítulo LXXII de la segunda parte. Recordando

---

9. *El Quijote*, segunda parte, capítulo LXXII.

10. Estudio de Luis Astrana Marín en *Don Quijote de la Mancha,* Ediciones Castilla, Madrid, Edición IV Centenario, p. XLI

11. Agustín González de Amezúa, *Cervantes, creador de la novela española,* Madrid 1958, tomo II p. 351.

la derrota sufrida en playas barcelonesas, el caballero hidalgo dice con exquisita emoción a Álvaro Tarfe, aludiendo a Barcelona: «Aunque los sucesos que en ella me han sucedido no son de mucho gusto, sino de mucha pesadumbre, los llevo sin ella, solo por haberla visto».

En sus notas a este capítulo LXXII en la segunda parte del Quijote, el ya citado Miguel Santos Oliver es rotundo en la defensa de Cervantes y su amor hacia Barcelona. En un largo párrafo, del que reproduzco lo más significativo, dice: «No fue una chuscada de Cervantes ni una tomadura de pelo, como diríamos, hablando a lo vulgar, el elogio que dedicó nuestro novelista a la ciudad que un tiempo fue señora del Mediterráneo. Antes de la publicación del Don Quijote había celebrado ya las excelencias de Barcelona en su novela titulada «Las dos Doncellas»… No deben tomarse los elogios cervantinos como una adulación, ya que por sus obras demuestra el autor el carácter independiente que siempre tuvo, y demostró más de una vez que la franqueza en decir lo que opinaba y sentía era una de sus cualidades características… Los barceloneses, al decir de Pi y Molist, (y nosotros opinamos igual), debiéramos esculpir con letras de oro, en algunos de los lugares más frecuentados de la ciudad, las palabras del ilustre alcalaíno».[12]

Aún cuando se me pueda censurar el amontonamiento de citas ajenas, lo creo imprescindible por dos razones: Una por cuanto el ensayo lo requiere. Este género literario ha de estar bien fundamentado para hacerlo creíble. Otra porque los autores que aquí menciono son todos ellos catalanes, o de la vecina isla mallorquina, lo que da más importancia a sus opiniones. Así, acudo de nuevo a Manuel Montoliu quien, en la última página de su folleto «Cervantes y Barcelona», la número 16, pregunta: «¿Ha hecho ya Barcelona, para honrar dignamente y como se merece la memoria del que la glorificó ante el mundo con el monumento de su doble alabanza, todo lo que su honor y su gratitud exigen de ella? ¿Ha correspondido ya Barcelona en medida satisfactoria a lo que brotó en su loor de la pluma de oro de su enamorado Cervantes? Pongámonos todos la mano sobre el pecho y demos respuesta a esta pregunta».

12. Santos Oliver, *El ingenioso hidalgo Don Quijote de La Mancha,* Montaner y Simón, Barcelona 1970, tomo II, p. 616.

Sin ser yo catalán respondo que sí.

El cervantismo agudo se halla jalonado en Cataluña por una serie de nombres insignes que pueden hallarse fácilmente en obras especializadas. Barcelona ha cumplido dignamente y sin tasa a los elogios del príncipe de los ingenios y de los genios. Los catalanes, herederos de un pasado lleno de grandeza y de poesía, sienten a Cervantes como lo sintió Maragall, como lo sintieron los genios, los héroes, los artistas, los ciudadanos. Cervantes, el más alto valor que haya producido hasta ahora la civilización ibérica, vive en el alma y en el carácter de Cataluña, en sus pueblos, en su gente, su presencia aún impregna la vida por esas riberas del Mediterráneo.

Capítulo II

POR TIERRAS DE ARAGÓN

En lo que se conoce como tercera salida, Don Quijote y Sancho dejan Castilla y se dirigen a Cataluña pasando por Aragón.

Caballero y escudero ponen rumbo al noreste de la península. Cervantes elige Aragón y Cataluña para las aventuras extramanchegas de Don Quijote.

A principios del siglo XVII, cuando la novela irrumpe en el panorama literario español, el reino de Aragón tenía unos 300.000 habitantes, de los que 25.000 vivían en la capital, Zaragoza. Barcelona contaba con 35.000 almas, y unas 400.000 la totalidad de Cataluña. La España en la que nació Cervantes albergaba una población global de seis millones de habitantes.

No consta que Cervantes visitara Aragón en fecha alguna. Carecemos de datos fiables y concretos sobre el paso del novelista por el reino, tal como lo argumenta Isaías Moraga. Para este autor, «según lo escrito en los dos Quijotes podemos llegar a la conclusión de que Cervantes no conocía Aragón ni Zaragoza, siendo sus referencias tópicas, aunque sitúe casi la mitad del Quijote de 1615 en Aragón, en lo que puede llamarse Quijote de los Duques».[13]

Con todo, la apreciación de Isaías Moraga, quien escribe sobre algunos personajes cervantinos con dureza, no es definitiva. Hay autores que sitúan a Cervantes visitando en Aragón a los duques de Villahermosa en compañía del cardenal Acquaviva, ambos camino de Italia. El propio Moraga cita a un defensor de esta teoría, Mariano de Panó, expuesta en un artículo en la Gran Enciclopedia de Aragón.

Que Cervantes conociera o no el reino de Aragón no mermó su interés por estas tierras. Aragón tiene una importancia notable en el Quijote.

En la primera parte Aragón es mencionado como cuna de linajes ilustres junto a otros de Castilla, Cataluña, Valencia y Portugal (Ca-

---

13. Isaías Moraga, *Don Quijote y Aragón,* Ed. Blax and Company, Zaragoza 2003, p. 159.

pítulo XIII). Al escribir sobre el tagarino que ayudaba en viajes por mar al renegado, Cervantes aclara: «Tagarinos llaman en Berbería a los moros de Aragón» (capítulo XLI). Cuando Dorotea despierta a Clara para que escuche las canciones del enamorado galán, le confiesa: «Este que canta, señora mía, es un hijo de un caballero natural del reino de Aragón» (Capítulo XLIII).

Tronchón, localidad de Teruel situada a 130 kilómetros de la capital, famosa por sus quesos, es citada dos veces en la segunda parte de la novela. Teresa Panza envía a la duquesa un queso de su tierra «por ser muy bueno, que se aventajaba a los de Tronchón» (Capítulo LII). Tosillos, el lacayo del duque, compartió con Don Quijote y Sancho unas «rajitas de queso de Tronchón» cuando amo y escudero regresaban derrotados de Barcelona (Capítulo LXVI).

Ginés de Pasamonte, el más peligroso de los galeotes liberados por Don Quijote en el capítulo XXII de la primera parte, reaparece en el capítulo XXV de la segunda disfrazado de titiritero y con un ojo tapado con un parche para evitar ser reconocido. El siniestro personaje está inspirado en el real e histórico Jerónimo de Pasamonte, soldado aragonés que se alistó en Barcelona en el tercio Miguel de Moncada, pasando a Italia. Cuenta Gabriel Maldonado que «el aragonés fue escribiendo, al menos desde 1593, su autobiografía, narración de la que Cervantes pudo tener noticia gracias a un posible encuentro con su autor en Madrid en el verano de 1594 o a principios de 1595, o bien gracias a las muchas personas que en la Corte habían conocido las memorias del soldado aragonés».[14]

Veintisiete capítulos ocupa la historia de los duques en la segunda parte del Quijote, desde el XXX al LVII. A tan continuadas aventuras se les ha dado en llamar el Quijote de los duques.

El castillo de los duques –donde el bueno de Don Quijote padeció crueles humillaciones– y la isla Barataria –ofrecida de mentira a Sancho abusando de su candidez–, estaban ambas en territorio de Aragón, exactamente al norte de la localidad de Pedrola, en la provincia de Zaragoza. «Este pueblo –escribe Cesar Vidal– estaba construido sobre un saliente del terreno que se internaba en el Ebro, lo que

14. Gabriel Maldonado, *Quién es quién en el Quijote,* Acento Editorial, Madrid 2004, p. 160.

podía dar aspecto de ser una isla o ínsula ya que cuando se producían crecidas en el Ebro el istmo que unía al lugar con la orilla quedaba bajo el agua convirtiéndose en una isla verdadera, aunque temporal».[15]

Sancho Panza es nombrado por el duque y su gente gobernador de esta ínsula sin ningún merecimiento, con objeto de que padeciera las burlas más desnaturalizadas (véanse los capítulos XXXXIV al LI de la segunda parte).

Hay otros episodios en El Quijote situados en la región aragonesa, como la aventura del rebuzno, que transcurre en Sansueña, asimilada como Zaragoza (Segunda parte, capítulo XXV), y el barco encantado que Don Quijote y Sancho vieron en aguas del Ebro (Segunda parte, capítulo XXIX).

Al verse libre del castillo, del duque, de la duquesa, y de su impertinente doncella Altisidora, Don Quijote se dirige a Zaragoza. Las burlas que hubo de soportar no afligieron su noble espíritu. Antes bien, en presencia de aquellos personajes vacíos, demostró poseer una aristocracia superior. Dice Cide Hamete: «Cuando Don Quijote se vio en la campaña rasa, libre y desembarazado de los requiebros de Altisidora, le pareció que estaba en su centro y que los espíritus se le renovaban para proseguir de nuevo el asumpto de sus caballerías», (Segunda parte, capítulo LVIII).

Superadas las mofas y rechiflas, liberado de la esclavitud sufrida en la casa de los duques, Don Quijote pronuncia inmediatamente después del texto anterior un canto encendido a la libertad, «uno de los más preciosos dones que a los hombres dieron los cielos».

La intención de ir a Zaragoza era porque quería estar presente en las fiestas de Arnés que iban a tener lugar en la capital maña: «Cuenta Cide Hamete que estando ya Don Quijote sano de sus aruños, le pareció que la vida que en aquel castillo tenía era contra toda la orden de caballería que profesaba, y así, determinó de pedir licencia a los duques para partirse a Zaragoza, cuyas fiestas llegaban cerca, adonde pensaba ganar el arnés que en las tales fiestas se conquista» (Segunda parte, capítulo LII).

Las fiestas eran concursos literarios sobre temas propuestos por los miembros del jurado para celebrar algún acontecimiento.

---

15. César Vidal, *Enciclopedia del Quijote*, Ed. Planeta, Barcelona 1999, p. 314.

Zaragoza significaba para Don Quijote un mítico destino que cambia en el capítulo LIX de la segunda parte. La culpa de este cambio la tuvo Avellaneda y su espurio Quijote, también conocido como «Quijote aragonés», al creer algunos cervantistas que Avellaneda nació en Aragón.

El citado capítulo LIX es fundamental en la segunda parte del Quijote. La idea de ir a Zaragoza era una obsesión para el hidalgo manchego. Lo repite varias veces. Quería ganar en las fiestas del Arnés. No llegó a participar.

Ya fuera de palacio, señor y criado entran a cenar a una venta. Puntualiza Cervantes: «Digo que era venta porque Don Quijote la llamó así, fuera del uso que tenía de llamar a todas las ventas castillo».

A través de una pared, Don Quijote y Sancho escuchan a dos hombres, Don Jerónimo y Don Juan, que se disponen a leer un capítulo del falso Quijote. Aluden al caballero desamorado y la desaparición de Dulcinea. Atento a la conversación, a Don Quijote le sube la fiebre, le hierve la sangre. «Lleno de ira y de despecho, alzó la voz y dijo: Quienquiera que dijere que Don Quijote de la Mancha ha olvidado, ni puede olvidar, a Dulcinea del Toboso, yo le haré entender con armas iguales que va muy lejos de la verdad; porque la sin par Dulcinea del Toboso ni puede ser olvidada, ni en Don Quijote puede caber olvido: su blasón es la firmeza, y su profesión, el guardarla con suavidad y sin hacerse fuerza alguna» (Segunda parte, capítulo LIX).

Así era Don Quijote y con tal fiereza reaccionaba cuando alguien ponía en duda su amor y fidelidad a Dulcinea.

Al escuchar tales palabras, los dos caballeros pasan a la habitación que ocupaban Sancho y Don Quijote. Prorrumpen en exclamaciones de alegría al hallarse en presencia del auténtico Don Quijote, lo abrazan y le entregan un ejemplar del falso libro. «Le tomó Don Quijote, y sin responder palabra, comenzó a ojearle, y de allí a un poco se lo volvió, diciendo: "En esto poco que he visto he hallado tres cosas en este autor dignas de reprensión".

»Los dos caballeros piden a Don Quijote y Sancho que pasen a su estancia a cenar con ellos, a lo cual acceden de buen grado. La conversación transcurre sobre temas relacionados con la vida y aventuras de Don Quijote. Preguntándole que adónde se dirigían, Don Quijote responde que a Zaragoza, a participar en las fiestas del Arnés.

Comentan los caballeros que según Avellaneda, su Don Quijote ya había estado allí y había tenido una actuación muy pobre, habiendo ganado solamente una sortija.

Aquí vino la explosión.

La decisión clave.

El cambio de rumbo.

Don Quijote, para ridiculizar a Avellaneda, no entraría en Zaragoza. Lo dice a sus anfitriones: "Por el mismo caso no pondré los pies en Zaragoza, y así sacaré a la plaza del mundo la mentira de este historiador moderno, y echarán de ver las gentes cómo no soy el Don Quijote que él dice".

"Hará muy bien –dijo Don Jerónimo–; y otras fiestas hay en Barcelona, donde podrá el señor Don Quijote mostrar su valor. Así lo pienso hacer –dijo Don Quijote"» (Segunda Parte, capítulo LIX).

Siempre en defensa de Aragón, Moragas observa que en la decisión de ir a Barcelona no hay ningún tipo de desprecio hacia Zaragoza y sus gentes, solo un cambio de destino final.

Así debió ser, efectivamente.

Capítulo III

CAMINO DE CATALUÑA

El capítulo LX en la segunda parte del Quijote se abre con esta prosa emotiva y sentimental: «Era fresca la mañana y daba muestra de serlo asimismo el día en que Don Quijote salió de la venta, informándose primero cuál era el más derecho camino para ir a Barcelona, sin tocar Zaragoza» (Segunda parte, capítulo LX).

Aquí le tenemos, alto, enjuto, vestido de vieja armadura, figura majestuosa y abatida a un tiempo, caballero sobre un flaco rocinante, camino del mar. «Somos o no somos», había dicho Don Quijote. Ser o no ser, la preocupación fundamental del pensamiento humano. El sabía quién era y quién podía ser. Embarcado en un nuevo viaje iba a demostrar a la gentil Barcelona quién era Don Quijote de la Mancha. A Barcelona iba «el famoso, el valiente y el discreto, el enamorado, el deshacedor de agravios, el tutor de pupilos y huérfanos, el amparo de las viudas, el matador de las doncellas, el que tiene por única señora a la sin par Dulcinea del Toboso» (Segunda parte, capítulo LXXII).

Y Barcelona estaba preparada para recibir a tan ilustre personaje.

En la entrada de Don Quijote a Cataluña hay un equilibrio inestable de razón y locura, de lógica y desvarío, que es, de hecho, el gran secreto de la vida humana. En el palacio de los duques, donde residían personajes de la elevada sociedad española, a Don Quijote lo consideraron un loco, bueno para divertirse con él. Aquellas almas cortesanas habituadas al fingimiento y a la mentira no comprendieron a Don Quijote y se burlaron sin compasión del caballero del ideal.

En Cataluña encuentra Don Quijote gente más noble. Es cierto que aquí tiene lugar «la aventura que más pesadumbre dio a Don Quijote de cuantas le habían sucedido». Pero otras se le presentaron como tentación, como campo propicio para la distracción y la felicidad. Del montón de aventuras, episodios, acciones y acontecimientos vividos por Don Quijote camino de Cataluña destacaré lo más sobresaliente «de lo que le sucedió a Don Quijote en la entrada de Barcelona, con otras cosas que tienen más de lo verdadero que de lo discreto» (Segunda parte, capítulo LXI).

Roque Guinart

El primer hallazgo de don Quijote tras la salida de Zaragoza camino de Cataluña no fue muy feliz, aunque al final lo celebrara con gran contento.

Durante seis días de andadura no sucedió a la pareja cosa alguna digna de ponerse en la escritura. Hasta que llegó el encuentro con Roque Guinart.

Este bandolero es el reverso y el contrapeso del duque al que hubo de sufrir Don Quijote. El Guinart, que aplica la justicia distributiva, se entregó al bandolerismo primero para vengarse de un agravio propio y, finalmente, para vengar los ajenos. Cervantes habla de él con admiración y cariño.

La aventura comienza una noche en que señor y escudero se acomodan junto a troncos de árboles. Sancho se desvía un poco y siente que le tocan la cabeza. Alza las manos y topa con dos pies de personas, con zapatos y calzas. Temblando de miedo acude a otro árbol y le sucede lo mismo. Da voces a Don Quijote, acude el caballero y le explica el misterio. Lo que colgaba de los árboles eran cuerpos de forajidos que habían sido ahorcados. Llegada la mañana se les confirmó que «los racimos de aquellos árboles eran cuerpos de bandoleros».

En esto estaban cuando fueron sorprendidos por más de cuarenta bandoleros vivos que «de improviso les rodearon, diciendo en lengua catalana que estuvieran quedos y se detuviesen, hasta que llegase su capitán». Llega éste, montando un «poderoso caballo, vestida la acerada cota y con cuatro pistoletes a los lados». Al ver a «Don Quijote armado y pensativo, con la más triste y melancólica figura que pudiera formar la misma tristeza, le dijo: No estéis tan triste, buen hombre, porque no habéis caído en las manos de algún cruel Osiris, sino en las de Roque Guinart, que tienen más de compasivas que de rigurosas» (Segunda parte, capítulo LIX).

Así, de esta forma, se produce el encuentro del glorioso caballero de la Triste Figura con el valeroso Roque, «cuya fama –admite don Quijote– no hay límites en la tierra que la encierren».

Las sabrosas e inteligentes pláticas entre Don Quijote y Roque Guinart ocupan todo el capítulo LX y principios del LXI en la segunda parte de la novela y ha dado lugar a una abundante literatura.

En su trabajo sobre la Barcelona de Cervantes, Manegat aporta abundante documentación sobre Roque Guinart y el bandolerismo de aquella época en Cataluña.[16]

Martin de Riquer observa que «la aparición de Roque Guinart en las páginas del "Quijote" es algo insólito en la novela. En ella todos los personajes son imaginarios y producto de la fantasía de Cervantes: … Roque Guinart en cambio es un personaje rigurosamente histórico y contemporáneo no tan solo a los sucesos que se narran en el Quijote, sino al momento en que Cervantes está escribiendo».[17]

Cervantes se refiere a Roque Guinart con entusiasmo. Destaca "su nobleza, su gallarda disposición y extraño proceder, teniéndole más por un Alejandro Magno que por ladrón conocido".

El episodio de Roque Guinart es el que más íntima relación guarda con la historia caballeresca del Quijote. Tanto se identifica con él, que Don Quijote propone al bandolero: "Véngase conmigo, que yo le enseñaré a ser caballero andante".

Roque, como era de esperar, «rióse del consejo de Quijote».

También reímos nosotros.

Con don Quijote se ríe y se llora.

Dos mujeres

En el ambiente en el que se sitúa el capítulo LX de la segunda parte del Quijote, casi todo él dedicado a contar el encuentro entre Don Quijote y Sancho con Roque Guinart y sus bandoleros, destaca la presencia de 2 mujeres: Claudia Jerónima y Guiomar de Quiñones.

Clemencín, Martín de Riquer, Astrana Marín, Miguel de Unamuno y otros cervantistas conocidos, pasan de estas historias. Apenas les prestan atención.

A mi entender, la importancia de las mismas radica, primero, en que tuvieron lugar durante las aventuras protagonizadas o presenciadas por Don Quijote en su viaje a Barcelona; segundo, que forman parte de los sucesos ocurridos en el encuentro con Roque Guinart; y tercero, en las reacciones de Don Quijote en ambos casos.

---

16. Luis G. Manegat, obra citada, pp. 120 a 149.
17. Martín de Riquer, *Aproximación al Quijote,* Salvat Editores, Barcelona 1970, pp. 129-130.

Alberto Porqueras sitúa la aparición de Claudia Jerónima en tierras de Lérida, en la zona de Cervera y Tárrega. Claudia Jerónima irrumpe en la escena de manera accidental, pero logra crear un poderoso foco de atención. Su historia ha sido explicada como una reelaboración del mito clásico de Céfalo y Paris.

La joven Claudia acude a Roque Guinart vestida de hombre buscando su protección. Enamorada de Vicente Tarrellas, cree que éste no va a cumplir su promesa de matrimonio, yendo a casarse con Leonara, hija del rico Balvastro. Don Quijote, con la euforia y la furia que en él era habitual, propone: «No tiene nadie por qué tomar trabajo en defender a esta señora, que lo tomo yo a mi cargo; denme mi caballo y mis armas, y espérenme aquí, que yo iré a buscar a ese caballero, y, muerto o vivo, lo haré cumplir la palabra prometida a tanta belleza» (Segunda parte, capítulo LX).

¡Eterno don Quijote!

Pero el caballero aún no ha escuchado la continuación de la historia. Claudia Jerónima resuelve la situación, que desemboca en drama, por sí misma. Va en busca de su enamorado, lo encuentra a dos leguas de distancia, le dispara tiros de escopeta y Vicente casi muere. Antes de expirar reprocha a Claudia que sus celos eran infundados. Perdona a la asesina, la toma de la mano, se responsabiliza de ella como esposo y se le acabó la vida. Claudia, «habiéndose enterado de que ya su dulce esposo no vivía, rompió los aires con suspiros, hirió los cielos con quejas, maltrató sus cabellos, entregándolos al viento, afeó su rostro con sus propias manos, con todas las muestras de dolor y sentimiento que de un lastimado pecho pudieran imaginarse» (Segunda parte, capítulo LX).

Lloró Roque. Lloraron los bandoleros. Lloró Don Quijote. Lloró Sancho.

Roque Guinart ordenó a su gente que llevaran el cadáver de don Vicente a casa del padre. Claudia Jerónima dijo a Roque «que quería irse a un monasterio donde era abadesa una tía suya».

Observa Maldonado que aquí, por primera vez, Don Quijote y Sancho se enfrentan a una muerte real con derramamiento de sangre. «No solo es el primer personaje que mata de verdad en la novela, sino que es el único personaje femenino que porta armas».

El otro episodio donde una mujer adquiere especial relevancia tiene lugar poco después.

La mujer es Guiomar de Quiñones.

Su historia, como la anterior, se cuenta en el capítulo LX de la segunda parte del Quijote.

Guiomar es esposa del regente de la Vicaría de Nápoles. Se dirige a Barcelona para embarcarse rumbo a la ciudad italiana, donde el marido la espera. Con ella viajan en el coche «una hija pequeña, una doncella y una dueña ... acompañadas todas por seis criados». El total del dinero que portan son «novecientos escudos y sesenta reales».

Secuestrados todos por la gente de Roque Guinart, el jefe de los bandoleros los trata con cierta benevolencia y ordena que no sufran daño alguno. A modo de tributo solamente pide 140 escudos «para contentar esta escuadra que me acompaña».

Doña Guiomar de Quiñones, que temía por su vida y por las de aquellos que la acompañaban, ante la actitud del bandolero «se quiso arrojar del coche para besar los pies y manos de Roque, pero él no lo consintió de ninguna manera».

Dejó en libertad a los cautivos, entregó a la señora un salvoconducto para los mayorales de sus escuadras, a fin de que no fuesen molestados camino de Barcelona, dio dos escudos a cada uno de los suyos, regaló diez a los peregrinos y otros diez a Sancho Panza, «porque pueda decir bien de esta aventura».

Aventura que también concluyó en sangre, según cuenta Cide Hamete: «Uno de los escuderos dijo en su lengua gascona y catalana: Este nuestro capitán más es para "fraile" que para bandolero. Si de aquí en adelante quisiere mostrarse liberal, séalo con su hacienda, y no con la nuestra. No lo dijo tan paso el desventurado que dejase de oírlo Roque, el cual, echando mano a la espada, le abrió la cabeza casi en dos partes, diciéndole: De esta manera castigo yo a los deslenguados y atrevidos».

Por una vez, Don Quijote no sale en defensa de una dama cautiva ni eleva protesta alguna porque abran a un hombre la cabeza en su presencia.

Hacia Barcelona

Inicia el narrador el siguiente capítulo de la novela, el LXI, contando que «tres días y tres noches estuvo don Quijote con Roque, y si estuviera trescientos años, no le faltara qué mirar y admirar en el modo de su vida: aquí amanecían, acullá comían; unas veces huían, sin saber de quién, y otras esperaban, sin saber a quién».

¡Tres días y tres noches juntos el hidalgo y el jefe de bandoleros! ¿De qué hablaron? ¡Era el ideal ante el delito, la fe ante la lógica, el defensor de la justicia ante la arbitrariedad, el abogado de los caballeros andantes ante el salteador de caminos! ¿Qué conversaciones se traerían?

Cervantes presenta a don Quijote como símbolo de la verdad, caballero en quien estaban personificadas todas las virtudes del ideal, águila caudal que dominaba los espacios sin que le afectaran las escopetas de los cazadores, el hombre que se movía por los impulsos del momento, sin premeditación ni propósitos anticipados.

A su vez, Roque Guinart estaba considerado como el bandolero intrépido y arrogante, burlador de los virreyes. Señor de la montaña y del campo, lo mismo incendiaba masías, asesinaba por venganza y apresaba gente para robarla, que defendía a los pobres y auxiliaba a los necesitados.

Ruskin dejó escrito que no se debe hablar de ciencia antes de saber, de arte antes de practicarlo, de literatura antes de pensar.

Don Quijote de la Mancha y Roque Guinart hablarían aquellos tres días de oficios que tenían algunos puntos en común. Tal vez se desquijotizó el hidalgo y en algo se quijotizó el plebeyo.

A los tres días, «por caminos desusados, por atajos y sendas encubiertas, partieron Roque, Don Quijote y Sancho con otros seis escuderos a Barcelona. Llegaron a su playa la víspera de San Juan en la noche, y abrazando Roque a Don Quijote y a Sancho, a quien dio los diez escudos prometidos, que hasta entonces no se los había dado, los dejó, con mil ofrecimientos que de la una a la otra parte se hicieron».

Antes, Roque escribió una carta, que despachó con uno de sus escuderos, dirigida a amigos importantes que tenía en Barcelona, entre ellos Antonio Moreno, poniéndoles al tanto de la llegada de Don Quijote y Sancho.

La intención de la carta no era noble. Pretendía el bandolero que los conocidos en Barcelona se solazasen con "las locuras y discreciones de Don Quijote y los donaires de su escudero Sancho Panza", lo cual "no podía dejar de dar gusto general a todo el mundo". Aquí comenta Miguel de Unamuno: "¡Lo que se le ocurre a un catalán, aunque sea bandolero!".

El mar, la mar

¡Qué realismo, qué notas tan emotivas, qué delicadeza de sentimientos, qué cuidado estilo en el acento poético de la cántabra Concha Espina!

La junta de Damas de Barcelona invitó a la escritora para que pronunciara una conferencia en la sala Mozart el 19 de diciembre de 1916. Concha Espina disertó sobre Don Quijote en Barcelona. La conferencia se publicó en un cuadernillo de 20 páginas. Al describir el encuentro de Don Quijote con el mar, la mujer poeta entona un canto bellísimo. Dice: «Aire tibio, fragancias de los huertos maduros, tribu de árboles gentiles, mullida senda, cantares de las fuentes, acompañan al viajero en la noche hacia la costa. Y bajo el hechizo de tantas novedades, oye un hondo murmullo desconocido, encuentra el vago perfil de la llanura azul; ¡descubre el mar! No es la suya una visión lograda y objetiva, es un atisbo enorme, el tácito contorno de una imagen absorbente, la vislumbre de una existencia monstruosa».[18]

Don Quijote y Sancho llegaron a las playas de Barcelona «la víspera de San Juan, en la noche». Originarios de las tierras secas de La Mancha, ni caballero ni escudero habían visto jamás el mar. «Parecióles espaciosísimo y largo, harto más que las lagunas de Ruidera que en la Mancha habían visto… El mar alegre, la tierra jocunda, el aire claro, solo tal vez turbio del humo de la artillería… Comenzaron a moverse y a hacer un modo de escaramuzas por las sosegadas aguas».

El mar, que ha sido desde siempre la gran aventura de España, seduce a los personajes de Cervantes. En aquella hermosa mañana del

---

18. Concha Espina. *Don Quijote en Barcelona.* Bloud y Gay, Editores, Barcelona 1917, p. 12.

día de San Juan el mar les apareció grande y desmesurado, espectáculo interesante y maravilloso. Salido de la humilde aldea en un lugar de la Mancha, donde la tierra es toda la vida, el hidalgo caballero llegó al mar azul del Mediterráneo, que le sonreía con dientes de espuma y labios de cielo, como dibujó García Lorca.

Y Sancho Panza, siempre allí: unas veces al lado y otras detrás de su señor y amigo. Disfrutando la visión del mar, la mar de Rafael Alberti.

Capítulo IV

DON QUIJOTE EN BARCELONA

Ya tenemos a Don Quijote en Barcelona. Nada menos que en la grande y florida ciudad condal de Barcelona, sentada a la orilla de un mar en calma, como cantó Francisco Pi y Margall, cuya belleza aumentan los dos ríos que la cruzan, con un cielo alegre y puro por techo.

Barcelona, ciudad exuberante y cosmopolita, capital de cultura y de civilización, antes llamada Barzino, luego Barzinova «y agora decimos Barcelona» (Covarrubias).

José María Micó acaba de publicar un pequeño libro titulado «Don Quijote en Barcelona». Micó escribe una breve introducción y acto seguido reimprime los seis capítulos del Quijote que tratan de la estancia del hidalgo en Barcelona, desde el LXI al LXVI. Para Micó, «los capítulos barceloneses de la obra forman un pequeño Quijote en el que entran en danza muchas de las parejas principales de la trama: acción y contemplación, justicia y trasgresión, armas y letras, burlas y veras, castigo y perdón, ficción y realidad, vida y lectura, amor y muerte. Barcelona –añade José María Micó– era un destino ineludible, una suerte de finisterre narrativo y simbólico al que Don Quijote no acude solo por despecho, sino por necesidad y por vocación, es decir, porque siente su llamado».[19]

¿Qué buscaba Don Quijote en Barcelona? ¿Con qué propósito desvió Cervantes a su criatura de otros caminos y lo condujo hasta la capital de Cataluña? ¿Fue el ya mencionado incidente de Avellaneda o hubo otros motivos? El filósofo e historiador Eugenio Trías ensaya una hipótesis: «Es en territorio catalán, y en particular en Barcelona, donde esa gran mutación del género de la novela sobreviene. A raíz de la derrota de Don Quijote en el combate con el Caballero de la Blanca Luna, se produce ese tránsito de la gran comedia a la tragedia».[20]

---

19. José María Micó, *Don Quijote en Barcelona,* Ediciones Península, Barcelona 2004, p. 28.
20. Eugenio Trías, artículo en *EL PAÍS,* 12-7-2004, p. 4.

En la primera parte del Quijote se suceden las aventuras, desilusiones y desencantos, la fiereza y el brío del caballero. Don Quijote vuelve a su pueblo vencido, mas no convencido.

Con todo, es menester que el héroe sea vencido, que no vuelva a levantar la cabeza altiva. Para ello Cervantes elige Barcelona. La alegría que en ella reina es el mejor fondo para la batalla final. Aquí puso Cervantes lo mejor de su corazón. Las cosas que ocurrieron a Don Quijote en Barcelona merecen ser leídas y contadas.

Tratemos la historia desde el principio.

El recibimiento

A punto de entrar Don Quijote y Sancho a Barcelona sale a recibirles un grupo de hombres, amigos de Roque Guinart, a quienes éste había dado aviso de su llegada. Parecían todos presididos por Antonio Moreno, que será personaje esencial en el capítulo siguiente de la novela. Era Moreno un burgués rico y urbano, modesto y afable, pero muy amigo de burlas, socarrón, carnavalesco y cuchufletero.

Todos los de la comitiva «llegaron corriendo, con grita y algaraza... adonde Don Quijote suspenso estaba». Fue Antonio Moreno quien hizo de portavoz. Muy en su papel de imaginar cosas verdaderas para gozarse de las burlas, dijo en voz alta a Don Quijote: «Bien sea venido a nuestra ciudad el espejo, el farol, la estrella y el norte de toda la caballería andante, donde más largamente se contiene. Bien sea venido, digo, el valeroso Don Quijote de la Mancha".

Esta segunda parte del Quijote que registra las andanzas del hidalgo en Barcelona vio la luz en 1615. Un año antes, 1614, apareció publicado en Tarragona el Quijote apócrifo firmado por Alfonso Fernández de Avellaneda, de quien ya di cuenta al escribir sobre las andanzas de Don Quijote por tierras de Aragón. Por lo que se desprende del discurso de Antonio Moreno, éste y sus amigos debían conocer ya la falsa novela, pues el burlador, con intención de penetrar en el halago a Don Quijote, establece la diferencia: «Digo el valeroso Don Quijote de La Mancha: no el falso, no el ficticio, no el apócrifo que en falsas historias que estos días nos han mostrado, sino el verdadero, el legal y el fiel que nos describió Cide Hamete Benengeli, flor de los historiadores».

Don Quijote, inefable en su grandeza, ejemplo de moralidad, alma robusta, como lo vio Ortega, es incapaz de percibir el engaño y la burla. Lo cree todo. «Volviéndose a Sancho, dijo: Éstos bien nos han conocido: yo apostaré que han leído nuestra historia y aun la del aragonés recién impresa» (Segunda parte, capítulo LXI).

¡Santa y bendita credulidad! Es hombre bueno aquel que no cree malo a nadie. Aunque cuanto más se apetece que una opinión sea cierta, caso de Don Quijote, con más facilidad se cree.

La entrada a Barcelona

La comitiva que había dado la bienvenida a Don Quijote ejercita unas extrañas e innecesarias vueltas de caracol en derredor del hidalgo. Estas y otras escenas que más adelante se contarán recuerdan las burlas sufridas en casa de los duques. Acabado el zarandeo, Antonio Moreno toma de nuevo la palabra, habló a Don Quijote y díjole: «Vuesa merced, señor Don Quijote, se venga con nosotros; que todos somos sus servidores y grandes amigos de Roque Guinart. A lo que Don Quijote respondió: Si cortesías engendran cortesías, la vuestra, señor caballero, es hija o parienta muy cercana de la del gran Roque. Llevadme do quisiereis; que yo no tendré otra voluntad que la vuestra, y más si la queréis ocupar en vuestro servicio».

Antonio Moreno responde a estas palabras con otras no menos comedidas. La cortesía del caballero rico, ejemplar de los catalanes en época de Cervantes, trasciende a la esfera del elogio y es objeto de demostración práctica.

Al son de las chirimías y de los atabales, todos se encaminan a la ciudad. Antes de entrar a ella dan comienzo las burlas ciudadanas. Cada cual monta su cabalgadura. Los caballeros en hermosos corceles ricamente enjaezados. Sancho Panza en su rucio y Don Quijote a lomos de Rocinante. Dos niños –ha habido niños malos en todos los siglos– se abren paso entre el gentío. Uno levanta el rabo del rucio y otro la cola de Rocinante. «Les pusieron y encajaron sendos manojos de aliagas», plantas arbusivas, con ramas espinosas en su extremo y fuertes espinas laterales.

Resultado de aquella inesperada diablura hizo que los animales corcovearan y arrojaran a Don Quijote y a Sancho Panza al suelo.

«Don Quijote, corrido y afrentado, acudió a quitar el plumaje de la cola de su matalote y Sancho el de su rucio».

¿De dónde sacaron aquellos niños las plantas espinosas? ¿Estaban al acecho del paso de la comitiva? ¿No pudieron impedir la injuria los acompañantes de Antonio Moreno? ¿Y por qué Cervantes tuvo que derribar de nuevo –por enésima vez– al señor Don Quijote de su cabalgadura? ¿Era necesaria tanta humillación, una y otra vez?

«Volvieron a subir Don Quijote y Sancho, y con el mismo aplauso y música llegaron a la casa de su guía, que era grande y principal, en fin, como de caballero rico».

Instigación burlesca

Si tomáramos por verdad aquella frase del literato y periodista francés León Daudet, quien no puede soportar la burla no tiene calidad suficiente, habría que concluir que Don Quijote estaba hecho de la más extraordinaria calidad que imaginarse pueda, porque del héroe caballeresco se burlaban hombres y mujeres, duques y vasallos, encumbrados y ruines. De unos y de otros arrancaba carcajadas y alardes soeces.

Don Quijote, creado para ridiculizar los libros de caballería, es constantemente ridiculizado en la novela cervantina.

Antonio Moreno, teniendo en su casa a Don Quijote, busca de inmediato la forma de divertirse y divertir a su costa. «Lo primero que hizo fue desarmar a Don Quijote, y sacarle a vista con aquel su estrecho y agamuzado vestido a un balcón que salía a una calle de las más principales de la ciudad, a vistas de las gentes y de los muchachos, que como a mona le miraban».

No deja de sorprender el juicio que estas pantomimas merecen a un ilustre cervantista, Manuel de Montoliu. Afirma que «las burlas con que Don Antonio Moreno provoca a regocijo a sus amigos y conocidos a costa del Caballero y del Escudero, se mantienen dentro de la discreción y del comedimiento, sin traspasar nunca las reglas de la urbanidad y la cortesía».[21]

---

21. Manuel de Montolíu, o.c., p. 7.

A este propósito recuerda Torrente Ballester que la burla, en el orden estético, implica la noción moral de desprecio. La burla de Antonio Moreno pretendía crear una situación cómica, ridícula, risible. ¿En qué límites de discreción se mantenía? ¿No traspasaba el señor Moreno las reglas de urbanidad y de cortesía?

Antonio Moreno perseguía en el pasaje citado del Quijote una forma de burla sin rodeos, con el nominativo, el verbo y el acusativo en su lugar correspondiente, sin equívoco posible.

Y como si Antonio Moreno y sus invitados no hubieran tenido suficiente con la primera gran burla en el balcón, otra tarde «sacaron a pasear a Don Quijote, no armado, sino de risa, vestido un balandrán de paño leonado, que pudiera hacer sudar en aquel tiempo al mismo hielo… Pusiéronle el balandrán, y en las espaldas, sin que lo viese, le cosieron un pergamino, donde le escribieron con letras grandes: "éste es Don Quijote de la Mancha"».

¿También esta otra burla estaba dentro de los límites de la discreción, señor mío Montoliu? ¿No traspasaba las reglas de la urbanidad y de la cortesía?

Patético, sentimental y emotivo me parece el doloroso comentario de Unamuno: «Ya estás, mi señor Don Quijote, de hazmerreír de una ciudad y de juguete de sus muchachos. … ¡Pobre Don Quijote, paseando por la ciudad con tu *ecce homo* a espaldas! Ya estás convertido en curiosidad ciudadana… Esto supera ya en tristeza a cuanto desde el día malaventurado en que topó con los duques le está ocurriendo».[22]

Admirado de que la gente a su paso le reconociera, sin advertir que llevaba clavado en la ropa el cartel infame con su nombre escrito, el bueno, el inocente de Don Quijote se vuelve hacia Antonio Moreno y le dice: «Mire vuesa merced, que hasta los muchachos de esta ciudad, sin nunca haberme visto, me conocen».

Recordando a Unamuno, ¡pobre Don Quijote! La burla no necesita la menor inteligencia. Es hija de la pobreza de espíritu.

---

22. Miguel de Unamuno, *Vida de Don Quijote y Sancho, Obras Completas*, Escelicer, Madrid 1966, tomo III, pp. 220-221.

El insulto del castellano

Cabalgaba nuestro bueno de Don Quijote entre la burla y el bullicio con el cartel colgado a la espalda, cuando de la multitud surge un castellano que, alzando la voz y dirigiéndose directamente a él, le dice con furia: «¡Válgate el diablo por Don Quijote de la Mancha! ¿Cómo que hasta aquí has llegado, sin haberte muerto los infinitos palos que tienes a cuestas? Tú eres loco, y si lo fueras a solas y dentro de las puertas de tu locura, fuera menos mal; pero tienes propiedad de volver locos y mentecatos a cuantos te tratan y comunican; si no, mírenlo por estos señores que te acompañan. Vuélvete, mentecato, a tu casa, y mira por tu hacienda, por tu mujer y tus hijos, y déjate de estas vaciedades que te carcomen el seso y te desnotan el entendimiento» (Segunda parte, capítulo LXII).

Cide Hamete Benengeli no registra ninguna reacción por parte de Don Quijote. De haber ocurrido esta escena en los campos libres de La Mancha, la lanza del caballero habría cerrado, tal vez para siempre, los labios del insolente injuriador.

Es Antonio Moreno quien sale en defensa de Don Quijote. «Es muy cuerdo –dice al intruso– y nosotros, que le acompañamos, no somos necios… andad enhoramala, no os metáis donde no os llaman».

Pregunta Clemencín por qué Cervantes puso aquellas razones en boca de un castellano más bien que de un catalán. Ofrece dos explicaciones. Una, «porque en Castilla debían ser más conocidas que en otras partes las cosas de Don Quijote, tanto por ser esta su patria como por andar sus hechos escritos en castellano». Otra, porque «Cervantes hubo de introducir el incidente del castellano para prevenir la reconvención que podía hacérsele sobre la inverosimilitud de que en una ciudad populosa todos procediesen de acuerdo con los burladores de Don Quijote».[23]

---

23. Diego Clemencín, *Comentarios al Quijote,* en *Don Quijote de La Mancha,* Ediciones Castilla, Madrid, sin fecha, pp. 1892-1993.

Ejercicio de baile

De la escuela de los duques, a quienes con toda seguridad desconocía, parecía ser el tal Antonio Moreno, y su casa algo semejante al palacio ducal. Esto se sospecha por la abundancia de fechorías que unos y otros sometieron al santo y limpio Don Quijote.

Llegada la noche del primer día, Antonio Moreno organiza un sarao de damas para satisfacer el capricho de la esposa, «señora principal y alegre, hermosa y discreta», aunque aquí no lo pareciera tanto. En la resplandeciente sala de la lujosa mansión se reúnen los invitados, damas y caballeros de alta clase. «Entre las damas había dos de gusto pícaro y burlonas, por dar lugar que las burlas alegrasen sin enfado. Éstas dieron tanta prisa en sacar a danzar a Don Quijote, que le molieron, no solo el cuerpo, pero el ánima».

El entendimiento humano, que todo o casi todo lo puede, ¿es capaz de concebir la escena? Don Quijote, el héroe de la Mancha, el Caballero de la Triste Figura, el esclavo de Dulcinea, el hombre de más huesos que carne, tan largo como un largo palo, delgado hasta la frontera de la anorexia, puritano más que los ángeles, en aquella situación. Obligado por damas pícaras y burlonas de la aristocracia catalana a bailar como si de un John Travolta se tratara.

El resultado no podía ser otro más que el que dicta Cide Hamete Benengeli: «Era cosa de ver la figura de Don Quijote, largo, tendido, flaco, amarillo, estrecho en el vestido, desairado, y, sobre todo, no nada liger.

»Las alegres damas le requebraban de tal forma, con tal ahínco, que Don Quijote, encendido y algo furioso, estalló con un latinazo seguido de una aclaración en idioma de La Mancha: "¡Fugite, partes adversaes!". Dejadme en mi sosiego, pensamientos mal venidos. Allá os avenís, señoras, con vuestros deseos; que la que es reina de los míos, la sin par Dulcinea del Toboso, no consiente que ningunos otros que los suyos me avasallen y rindan».

Bravo, bravo mil veces, mi señor Don Quijote. No estás tan loco como te creyeron y aún te creen. Sabes en tu interior que Dulcinea no existe –«la pinté en mi imaginación como la deseo»–, pero Dulcinea es el ideal, tu ideal. Y al ideal no se renuncia ni tan siquiera por las carnes de mujeres frívolas.

El final de aquella danza burlona no podía ser otro más que el que recita el historiador: Don Quijote «se sentó en mitad de la sala, en el suelo, molido y quebrantado del bailador ejercicio. Hizo Don Antonio que le llevaran a su lecho en peso, y el primero que asió de él fue Sancho».

Como siempre.

La cabeza encantada

No voy a escribir que el Quijote es el Espasa. Lloverían las críticas. Pero sí digo que es difícil pensar en un tema de Enciclopedia que no esté expresado o referenciado en la novela cervantina.

Uno de estos temas es la magia.

Díaz Martín, en un libro profundo e imprescindible para los estudiantes del Quijote, viene a decir que en la primera parte de la novela, que ve la luz el año 1605, el universo mágico tiene una presencia muy perfilada. Hay una magia menor, supersticiosa o popular, y una magia mayor, culta, magia negra.[24]

No puede decirse que el episodio de la cabeza encantada, que ocupa buena parte del capítulo LXII en la segunda parte de la novela, sea magia menor o magia mayor, porque ni siquiera es magia, sino engaño y truco.

Otro día Antonio Moreno organiza en su casa una fiesta más, a la que asisten amigos del anfitrión y las dos señoras que habían molido a Don Quijote en el baile. «Tomando Don Antonio de la mano a Don Quijote, se entró con él en un aposento, en el cual no había otra cosa de adorno que una mesa, al parecer de jaspe, que sobre un pie de lo mismo se sostenía, sobre la cual estaba puesta, al modo de las cabezas de los emperadores romanos, de los pechos arriba, una que asemejaba ser de bronce».

Dice Pellicer que estas cabezas fatídicas se usaron en varios tiempos y se tenían vulgarmente por obra de magia. Martín Sarmiento, citando la historia de Cristóbal Colón escrita por su hijo Don Fernando, aclara que los que hablaban de la esfinge monstruosa existente en

24. José Enrique Díaz Martín, *Cervantes y la magia en el Quijote de 1605*, Universidad de Málaga, Málaga 2003, 454 páginas.

Egipto afirmaban «que estaba hueca y que tenía sus conductos en tal disposición, que hablando un embustero oculto, creían los incautos que hablaba la esfinge, y así, la consultaban como a oráculo».

El mismo engaño lo practica Antonio Moreno, que, a lo que parece, era muy dado a divertirse a costa de los demás, a lo que diría Pascal que cuando una persona es verdaderamente feliz no precisa la diversión para ser dichoso.

Consistía el truco de la cabeza encantada en que en el salón de abajo Don Antonio había colocado a un sobrino «estudiante agudo y discreto». Se le preguntaba a la cabeza, el sobrino escuchaba, agudizaba el ingenio y respondía, generalmente lo que mejor acomodaba al preguntador.

El primero en preguntar a la cabeza fue Antonio Moreno. Quiso saber cuántos estaban en la sala. La cabeza respondió el número exacto: ocho en total. Cuenta Benengeli que «aquí sí que fue el erizarse los cabellos a todos de puro espanto».

Uno a uno, todos preguntaron a la cabeza. Cuando llegó el turno a Don Quijote quiso saber si algún día tendría efecto el desencanto de Dulcinea. El falso oráculo profetizó: «El desencanto de Dulcinea llegará a debida ejecución».

Ahí fue caerse el cielo a los pies de Don Quijote. El buen crédulo no quiso saber más de aquella sesión de magia. Se dio por feliz y satisfecho, diciendo: «No quiero saber más; que como yo vea a Dulcinea desencantada, haré cuenta que vienen de golpe todas las aventuras que acertare a desear».

Observa Diego Clemencín que este incidente de la cabeza encantada es el más feliz de cuantos discurrió Cervantes para sostener el interés de la fábula durante la estancia de Don Quijote en Barcelona.

La imprenta

Refiere el historiador que «dióle gana a Don Quijote de pasear por la ciudad a la llana y a pie, temiendo que si iba a caballo le habían de perseguir los muchachos, y así, él y Sancho, con otros dos criados que don Antonio le dio, salieron a pasearse».

¡Don Quijote y Sancho Panza recorriendo las calles de Barcelona! Todo un mundo nuevo para éstos dos manchegos, que por vez primera veían una ciudad tan grande, de tanto colorido, bulliciosa y de alto rango. Cuesta imaginar a Don Quijote el bueno sin sus armaduras, prescindiendo de su inseparable rocinante, pateando las calles de la ciudad como cualquier otro extranjero.

La tentación me puede. Me empuja a transcribir aquí las hermosas palabras que la genial Concha Espina dirigió a damas barcelonesas, hablándoles del hidalgo. Les dijo: Don Quijote «es el hombre justo de todos los tiempos y todos los caminos; pero viene a vosotros, los catalanes, con una especial solicitud, cargado de virtudes y pasiones que, si convienen en conjunto a la humanidad, son, por excelencia, patrimonio del espíritu español, y merecieron personificarse en Don Quijote bajo el dominio soberano de un alma española a quien hicieron universal la divina gota del ingenio y la humana semilla del dolor».[25]

Correteando calles, acertó a pasar por una casa en cuya puerta vio escrito con letras muy grandes «Aquí se imprimen libros».

Es opinión unánime entre los comentaristas del Quijote que aquella imprenta era la de Sebastián Cormellas, situada en la calle del Coll, y que en el año 1591 había comprado a la viuda de Humberto Galard. Ya en aquella época la imprenta tenía mucha fama.

Don Quijote ante un establecimiento dedicado a la impresión de libros era como un niño ante un puesto de helados en pleno mes de agosto. ¿Cuántos libros tenía en su cabeza el Caballero de la Triste Figura? En la biblioteca propia que poseía en aquel lugar de La Mancha, los libros iban de la épica a la lírica, desde el Amadis a la Araucana.

En su rincón aldeano, los libros eran compañeros en la soledad, el alimento preferido. Hablar a Don Quijote de libros era como invitarle a una excitante orgía. Más aún por cuanto «hasta entonces no había visto imprenta alguna, y deseaba saber cómo fuese. Entró dentro con todo su acompañamiento, y vio tirar en una parte, corregir en otra, componer en ésta, enmendar en aquélla, y, finalmente, toda aquella máquina que en las imprentas grandes se muestran».

Aquel hombre cincuentón, que por amor a los libros fue llevado a meterse en las andanzas de la caballería andante, al verse entre tanto papel impreso no resulta difícil imaginar con qué ánimo lo miraba

---

25. Concha Espina, o.c., p. 8.

todo, con cuánto interés y seriedad preguntaba a uno, corregía a otro, discutía con este, quitaba razón a aquél, ora aprobaba, ora rechazaba, comentaba títulos, corregía traducciones. Debieron ser horas felices para Don Quijote el bueno. Con todo, «con muestra de algún despecho, se salió de la imprenta».

En tiempos del Quijote las imprentas no solo se dedicaban a publicar libros tal y como hoy las conocemos. También ejercían funciones que en nuestros días tienen reservadas las editoriales. Producían textos y los colocaban en el mercado. Cualquier autor podía dirigirse a un impresor y contratar con él la edición de una obra que luego distribuía y vendía por su cuenta.

El oficial de la imprenta presenta a Don Quijote «a un hombre de muy buen talle y parecer y de alguna gravedad», que había traducido del toscano al castellano un libro llamado «Le bagatelle», como si dijéramos «los juguetes».

Don Quijote, maestro en las artes de la literatura, como hijo que era del autor más culto que ha conocido España y otras partes del mundo, Miguel de Cervantes, entabla dos diálogos con el traductor: uno sobre la traducción misma y otro sobre las ganancias que esperaba obtener del libro. Aquél le dice que imprime el libro por su cuenta y que piensa ganar mil ducados vendiendo dos mil ejemplares a cincuenta ducados cada uno en la primera impresión. Don Quijote no queda convencido. Le hace saber que «cuando se vea cargado de dos mil cuerpos de libros, verá tan molido su cuerpo, que se espante, y más si el libro es un poco avieso y no nada picante».

El autor traductor contesta que no piensa vender la licencia a un librero por tres maravedís, que además cree que le hace un favor con esa miseria. Y añade: «Yo no imprimo mis libros para alcanzar fama en el mundo; que ya en él soy conocido por mis obras: provecho quiero; que sin él no vale un cuartin la buena fama».

Don Quijote deja al autor –comerciante deseándole buena suerte en el negocio: «Dios le dé a vuesa merced manderecha».

El Quijote de Avellaneda

Para Don Quijote, tocar una imprenta era como tocar el espejo de su propia vida. El hidalgo manchego había alimentado su soledad en La Mancha con la lectura. Los libros fueron sus amigos fieles. Es fácil imaginar su estado de ánimo en la imprenta. Allí todo le sorprende y maravilla. Dialoga amigablemente con los artesanos hasta que, pasando adelante, «vio que asimismo estaban corrigiendo otro libro; y preguntando su título, le respondieron que se llamaba "la segunda parte del ingenioso hidalgo Don Quijote de la Mancha", compuesta por un tal, vecino de Tordesillas».

Descompuesto quedó el verdadero Don Quijote. Habían mentado la soga en la casa del ahorcado.

¿Quién era Avellaneda? Los más grandes especialistas en crítica cervantina han revuelto la vida y milagros de todos los personajes que pudieran arrojar alguna luz sobre el autor del Quijote apócrifo. Pero el enigma literario permanece hasta hoy. Menéndez y Pelayo sugiere que pudo haber sido un escritor oscuro, quien, enemistado con Cervantes por motivos que se ignoran y movido por la esperanza de lucro, quiso beneficiarse y dañar a Cervantes. Este ladrón de lo ajeno pudo ampararse a la poderosa sombra literaria de Lope de Vega. ¿O fue el propio Lope de Vega el autor del falso Quijote?[26]

Más recientemente, el erudito abulense Arsenio Gutiérrez Palacios ha manifestado poseer argumentos suficientes para concluir que el Quijote atribuido a Avellaneda fue escrito en realidad por Alonso Fernández de Zapata, cura que tomó el apellido Avellaneda de un pueblo del partido de Piedrahita, donde ejerció su ministerio religioso entre los años 1597 y 1616.[27]

Otra hipótesis que tiene muchos sostenedores es la que plantea Martín de Riquer. Para este gran especialista en Cervantes y en el Quijote, el tal Avellaneda pudo haber sido el aragonés Jerónimo de Pasamonte. Otro cervantista, Daniel Eisenberg, resume así su opinión: «Esta identificación es tan plausible que la aceptaré como correcta».

El Quijote de Avellaneda permaneció prácticamente olvidado hasta que un hábil traductor francés, Le Sage, arregló el original, cortó, pegó, lo mejoró y lo dio a la luz pública en 1704, consiguiendo que de nuevo se hablara de Avellaneda.

---

26. Marcelino Menéndez y Pelayo, *Estudios y discursos de crítica histórica y literaria,* Consejo Superior de Investigaciones Científicas, Madrid 1991, tomo I, pp. 365-401.
27. Véase *El Quijote apócrifo,* Editorial Podium, Barcelona 1968, p. 10.

El falso Quijote apareció impreso en Tarragona en el año 1614. Cervantes supuso que los impresores de Barcelona estaban trabajando en una segunda edición, pero, como observa Clemencín, no hubo segunda edición en aquellos tiempos.

Puede comprenderse el enfado de Don Quijote ante un libro que tantos insultos literarios prodiga a su creador, el Ingenioso Hidalgo Don Miguel de Cervantes Saavedra. Consciente de que la ira suele parar en maldiciones, como en algún otro lugar de la novela dice a Sancho, Don Quijote contiene en aquellos instantes la suya y se despide del impresor con palabras de desprecio: «Ya yo tengo noticia de este libro –dice–, y en verdad y en mi conciencia que pensé que ya estaba quemado y hecho polvos, por impertinente; pero su San Martín se le llegará, como a cada puerco».

Finalmente, «con muestra de algún despecho se salió de la imprenta».

Las galeras

¡Las galeras!

El día anterior a esta historia caballero y escudero habían contemplado el mar por vez primera en su vida. Ahora veían las galeras, de las que Cervantes sabía mucho y Don Quijote no sabía nada.

Aquí sigue la burla y el recochineo a costa del bueno de Don Quijote, ajeno en su inocencia a todo el entramado que Antonio Moreno había organizado. Bien es verdad que la historia de las galeras, como observa Juan Carlos Rodríguez, apoyado por otros competentes cervantistas, proporciona unas pinceladas asombrosas de la prosa cervantina y de la literatura narrativa de cualquier tiempo: «La descripción de una batalla auténtica, a mar abierto y a la caza de un navío pirata berberisco». Todo ello propio de Cervantes, conocedor de la vida del mar, quien emplea términos precisos referidos a las maniobras de la marinería.

El lugar del Libro donde se relatan los honores fingidos que tributan a Don Quijote, acogidos por la chusma con gritos de entusiasmo, es largo. Pero merece la pena ser leído. Aquí sigue:

«Aquella tarde Don Antonio Moreno, su huésped, y sus dos amigos, con Don Quijote y Sancho, fueron a las galeras. El cuatralbo, que estaba avisado de su buena venida, por ver a los dos tan famosos Quijote y Sancho, apenas llegaron a la marina, cuando todas las galeras abatieron tienda, y sonaron las chirimías; arrojaron luego el esquife al agua, cubierto de ricos tapetes y de almohadas de terciopelo carmesí, y en poniendo que puso los pies en él Don Quijote, disparó la capitana el cañón de crujía, y las otras galeras hicieron lo mismo, y al subir Don Quijote por la escala derecha, toda la chusma le saludó como es usanza cuando una persona principal entra en la galera, diciendo «¡Hu, hu, hu!» tres veces. Dióle la mano el general, que con este nombre le llamaremos, que era un principal caballero valenciano; abrazó a Don Quijote, diciéndole:

–Este día señalaré yo con piedra blanca, por ser uno de los mejores que pienso llevar en mi vida, habiendo visto al señor Don Quijote de la Mancha; tiempo y señal que nos muestra que en él se encierra y cifra todo el valor de la andante caballería.

Con otras no menos corteses razones le respondió Don Quijote, alegre sobre manera de verse tratar tan a lo señor» (Segunda parte, capítulo LXIII).

No fue Don Quijote el único humillado. Ahora Sancho vuelve a ser manteado, esta vez por la marinería: «Toda la chusma, puesta en pie y alerta, comenzando de la derecha banda, le fue dando y volteando sobre los brazos de la chusma de banco en banco, con tanta prisa, que el pobre Sancho perdió la vista de los ojos, y sin duda pensó que los mismos demonios le llevaban, y no pararon con él hasta volverle por la siniestra banda y ponerle en popa. Quedó el pobre molido y jadeando, y trasudando, sin poder imaginar qué fue lo que sucedido le había».

En tiempos de esta aventura Barcelona estaba protegida por cuatro galeras, una de ellas la capitana. Este hecho está perfectamente documentado. El episodio cervantino coincide con la realidad histórica. Pero Cervantes escribe una novela de ficción, lo que no le obliga a ser fiel en los detalles.

Una buena parte del capítulo LXIII en esta segunda parte del libro está dedicada a describir la batalla naval que ocurrió ante los propios ojos de Don Quijote. Desde la fortaleza de Montjuit alertan la presencia de un bergantín de corsarios de Argel. Las cuatro galeras, de dos en dos, rodean al bergantín. Era intención del capitán que los corsarios «dejaran los remos y se entregaran», pero dos turcos borrachos dispararon las escopetas y dieron muerte a dos soldados españoles. Aquí se desencadenó la batalla, inclinada, como era de suponer, al bando de las galeras catalanas. Todos los enemigos fueron apresados vivos. «Todas cuatro llegaron con la presa a la playa, donde infinita gente los estaba esperando, deseosos de ver lo que traían».

La historia de las galeras marca un eslabón diferente y único en la cadena de hazañas guerreras protagonizadas por Don Quijote. Aquí presencia un auténtico combate naval, con hombres muertos por tiros de escopeta. No se trata ahora de combatir contra molinos, confundiéndolos con gigantes, ni de arremeter a los cuadrilleros lanza en ristre creyendo que una legión de demonios habitaba el castillo encantado.

En las playas de Barcelona Don Quijote es testigo de la guerra, guerra de verdad, guerra contra los turcos, enemigos de España y de la cristiandad. En esta ocasión el hidalgo manchego no tiene ante sí rebaños de ovejas, sino un verdadero y no encantado navío turco.

Historia de la mora cristiana

Zanjada la batalla, presos los corsarios, todos en tierra firme, llega el Virrey y Cervantes da principio a otra historia, una breve novela morisca, más entretenida que la llamada impertinente novela del curioso impertinente, incluida en los capítulos XXXIII y XXXV de la primera parte.

La tripulación capturada estaba formada por treinta y seis personas, «todos gallardos y los más, escopeteros turcos». Preguntando el general quién era el arráez –capitán de una embarcación árabe o morisca– «fuele respondido por uno de los cautivos, en lengua castellana, que después pareció ser renegado español: Este mancebo, señor, que aquí ves es nuestro arráez. Y mostróle uno de los más bellos y gallardos mozos que pudiera pintar la humana imaginación. La edad, al parecer, no llegaba a veinte años».

A punto estaba el arráez de ser ejecutado cuando el general acude a recibir al virrey. Tenía el prisionero las manos atadas y echado el cordel a la garganta esperando la muerte. El virrey, «viéndole tan hermoso, y tan gallardo, y tan humilde, dándole en aquel instante una carta de recomendación su hermosura, le vino deseo de excusar su muerte, y así le preguntó: –Dime, arráez: ¿eres turco de nación, o moro, o renegado?

A lo cual el mozo respondió, en lengua asimismo castellana:

–Ni soy turco de nación, ni moro, ni renegado.

–Pues ¿qué eres? –replicó el virrey

–Mujer cristiana, respondió el mancebo.

–¿Mujer y cristiana, y en tal traje, y en tales pasos? Más es cosa para admirarla que para creerla».

Y sigue la historia.

El supuesto arráez resultó ser la Doncella Ana Félix, por aquellos azares de la fuerte imaginación de Cervantes, hija desaparecida de un anciano peregrino que iba en la comitiva del virrey, un tal Ricote, nada menos que vecino de Sancho Panza. Contó Ana Félix sus amores con Gaspar Gregorio, se abrazaron padre e hija, hubo lágrimas y lamentos. Ricote, dueño de un tesoro que había dejado oculto a su salida de España, hizo intención de rescatar a Gaspar Gregorio, quien disfrazado de mujer, permanecía preso en Argelia.

Don Quijote, quien había presenciado toda la escena en silencio y conmovido, reaccionó a la manera de quien era, deshacedor de entuertos, libertador de Doncellas, protector del débil, brazo de la justicia. Dijo a Antonio Moreno que «el parecer que habían tomado en la libertad de Don Gregorio no era bueno, porque tenía más de peligroso que de conveniente, y que sería mejor que le pusiesen a él en Berbería con sus armas y caballo; que él le sacaría a pesar de toda la morisma, como había hecho Don Gaiferos a su esposa Melisendra».

Sugiere Juan Carlos Rodríguez que Don Quijote perdió algo de su personalidad tras el encuentro con Roque Guinart. No lo creo. El caballero que sale de La Mancha en busca de aventuras por los caminos del mundo no claudica jamás, ni siquiera vencido. En las palabras que tiene con Antonio Moreno, en el deseo expresado de liberar a Gaspar Gregorio sin más ejércitos ni armas que la fuerza de su brazo, seguimos viendo al caballero andante de todos los tiempos, el que corrige los abusos del poder e impone la justicia con la punta de su lanza.

La derrota del héroe

Desde que abrí por primera vez las páginas del Quijote, hace ya muchos años, los dos capítulos que más emoción me producen cuando los leo son el LXXIV, donde se describe la muerte del caballero, y el LXIV, que relata la derrota del héroe. Aquel lamento ante la proximidad inevitable de la muerte, «vamonos poco a poco, pues ya en los nidos de antaño no hay pájaros hogaño», y esta agónica petición al Caballero de la Blanca Luna,«quítame la vida, pues me has quitado la honra», desgarran el alma de dolor. Al menos, a mí me ocurre.

Aquí tenemos otro engaño, en esta ocasión a cargo del bachiller Sansón Carrasco. Es igual. Engaño al fin y al cabo. Siempre engañado, burlado y molido nuestro buen señor Don Quijote de la Mancha.

Cuenta Cide Hamete Benengeli que la tragedia tuvo lugar «una mañana, saliendo Don Quijote a pasearse por la playa, armado de todas sus armas, porque, como muchas veces decía, ellas eran sus arras ,y su descanso pelear».

El historiador no precisa cuántos días transcurrieron desde la tarde en que Don Quijote visitó las galeras a aquella mañana de triste memoria. Tampoco es imprescindible para el encuadre de la historia.

Paseando estaba por la playa cuando «vio venir hacia él un caballero, armado asimismo de punta en blanco, que en el escudo traía pintada una luna resplandeciente; el cual, llegándose a trecho que podía ser oído, en altas voces», se dirigió a Don Quijote.

El misterioso personaje se identificó como el Caballero de la Blanca Luna. Tenía el propósito de hacer confesar a Don Quijote que su dama era más hermosa que Dulcinea del Toboso. Propuso un duelo. De caer vencido Don Quijote habría de retirarse a su lugar en La Mancha y permanecer inactivo durante un año.

«Don Quijote quedó suspenso y atónito, así de la arrogancia del Caballero de la Blanca Luna como de la causa por la que le desafiaba». Y aceptó la pelea.

Ya había llegado a la playa el virrey, avisado del lance. Llegó también Antonio Moreno acompañado de otros muchos caballeros. La expectación crecía por momentos. El virrey trató de evitar el duelo, pero no lo consiguió, ante lo cual, como otro Poncio Pilato, se lavó las manos diciendo: «Señores caballeros, si aquí no hay otro remedio sino confesar o morir, y el señor Don Quijote está en sus trece, y vuesa merced, el de la Blanca Luna en sus catorce, a la mano de Dios, y dense».

Lo que continúa merece ser resumido del original. Ambos tomaron las riendas de sus caballos y se encontraron a medio campo.

«Como era más ligero el de la Blanca Luna, llegó a Don Quijote a dos tercios andados de la carrera, y allí le encontró con tan poderosa fuerza, sin tocarle con la lanza –que la levantó, al parecer, de propósito- que dio con Rocinante y con Don Quijote por el suelo una peligrosa caída. Fue luego sobre él, y poniéndole la lanza sobre la visera, le dijo:

–Vencido sois, caballero, y aun muerto, si no confesáis las condiciones de nuestro desafío.

Don Quijote, molido y aturdido, sin alzarse la visera, como si hablara dentro de una tumba, con voz debilitada y enferma, dijo:

–Dulcinea del Toboso es la más hermosa mujer del mundo, y yo el más desdichado caballero de la Tierra, y no es bien que mi flaqueza defraude esta verdad. Aprieta, caballero, la lanza, y quítame la vida, pues me has quitado la honra.

–Eso no haré yo, por cierto –dijo el de la Blanca Luna–: viva, viva en su entereza la fama de la hermosura de la señora Dulcinea del Toboso; que solo me contento con que el gran Don Quijote se retire a su lugar un año, o hasta el tiempo que por mí fuere mandado, como concertamos antes de entrar en esta batalla».

Tierno y soberbio a la vez me parece el comentario que a todo esto hace Unamuno: «Ved aquí, cómo cuando es vencido el invicto caballero de la Fe, es el amor lo que en él vence. Esas sublimes palabras del vencimiento de Don Quijote son el grito sublime de la victoria Amor. El se había entregado a Dulcinea sin pretender que por eso se le entregase Dulcinea, y así su derrota en nada empañaba la hermosura de la Dama».[28]

En la lectura que Vladimir Nabokov hace del Quijote reprocha que el vencedor sea Sansón Carrasco. Cree que habría tenido más emoción un enfrentamiento con Avellaneda, el autor del falso Quijote.

---

28. Miguel de Unamuno, o.c., p. 223.

Un duelo entre los dos Quijotes, dice el escritor norteamericano de origen ruso, habría sido el cierre genial y perfecto de la novela. Habría sido el combate más glorioso de la literatura. Pero Cervantes, que no dejaría de pensar en esta posibilidad, lo dispuso de otra manera.

Terminado el combate e impaciente por descubrir la verdad, Antonio Moreno sigue al de la Blanca Luna hasta el mesón donde éste se hospedaba. Ante la insistencia de Moreno, le pone en antecedente de la historia. El es Sansón Carrasco, «del mismo lugar de Don Quijote de la Mancha». Empeñado en que abandonara la vida de aventuras y viviera en la tranquilidad del pueblo, salió una vez a su encuentro disfrazado como Caballero de los Espejos. Quiso vencer a Don Quijote e imponerle la misma penitencia, pero fue vencido por él, y lo intentó una segunda vez convertido en Caballero de la Blanca Luna. Sabiendo que Don Quijote era «puntual en guardar las órdenes de la andante caballería, sin duda alguna guardará la que le he dado, en cumplimiento de su palabra».

Con esto quedó satisfecho Antonio Moreno y aliviado Sansón Carrasco.

Vencido, el mundo de Don Quijote se derrumbó. Analizando el desenlace del duelo cabe preguntarse: ¿Fue Don Quijote el vencido o lo fue Rocinante? De haber aguantado el caballo, ¿se habría mantenido el caballero? ¿Habría ganado al de la Blanca Luna?

Ya todo da igual. En aquella playa barcelonesa fue derrotado el que a tantos derrotó. Quiso Cervantes elegir Barcelona para que la ciudad a la que elogió fuera testigo de las tristes, las dolientes, las desmayadas palabras del vencido caballero. Dice Navarro y Ledesma que aquí puso Cervantes lo mejor de su corazón, aquí sacó el Don de lágrimas que poseía como pocos escritores.

Hay que leer y releer esta aventura hasta que cada una de sus partes abran huecos en el corazón.

Salida de Barcelona

«Seis días estuvo Don Quijote en el lecho, marrido, triste, pensativo y malacondicionado, yendo y viniendo con la imaginación en el desdichado suceso de su vencimiento» (Segunda parte, capítulo LXV).

Sancho trataba de consolarle con sus místicas razones y con sus no disimuladas ambiciones, pues dejando el ejercicio de la caballería «vienen a volverse en humo mis esperanzas».

Optimista siempre, en la alegría y en el dolor, Don Quijote le ordena: «Calla, Sancho, pues ves que mi reclusión y retirada no ha de pasar de un año; que luego volveré a mis honrados ejercicios, y no me ha de faltar reino que gane y algún condado que darte».

Éste es Don Quijote. La fe le sostiene. La esperanza le fortalece. Alguien, mucho después de Cervantes, escribió que no hay que darse por vencido ni estando vencido. Don Quijote seguía esta máxima.

Cuatro días después de los seis que Don Quijote pasó en cama, señor y escudero abandonan Barcelona. Vuelven ambos a su Mancha nativa. Clemencín apunta que puesto que la playa fue el teatro de su batalla con el de la Blanca Luna, puede que la puerta por donde Don Quijote abandonó Barcelona pudiera guiar a la playa. Detalle menor.

Detalle mayor fue que «al salir de Barcelona, volvió Don Quijote a mirar el sitio donde había caído, y dijo: ¡Aquí fue Troya! ¡aquí mi desdicha, y no mi cobardía, se llevó mis alcanzadas glorias! ¡Aquí usó la fortuna conmigo de sus vueltas y revueltas! ¡Aquí se oscurecieron mis hazañas! ¡Aquí, igualmente, cayó mi ventura para jamás levantarse!».

Allí, en la Barcelona de Cataluña.

Si triunfal fue la entrada de Don Quijote a Barcelona, vitoreado por Antonio Moreno y sus amigos, triste, muy triste fue la salida. «Don Quijote desarmado y de camino, Sancho a pie, por ir el rucio cargado con las armas».

Una escena sobrecogedora.

Don Quijote, desarmado, sobre Rocinante. Sancho a pie y el rucio cargado con las armas del hidalgo manchego.

Ya no hay armas.

La única verdad que le queda es Dulcinea.

La viva imagen de la derrota. Atrás quedaba el mundo de sensaciones, ideas, sentimientos y hazañas que llenaron la vida del héroe desde su primera salida en busca de aventuras por los caminos de La Mancha. Todo se ha desvanecido. Ahora se encuentra pequeño, disminuido, vencido.

Pero en el sufrimiento y la humillación, Don Quijote conserva la dignidad del caballero. Nadie podrá arrebatarle la corona. Su honor y su gloria han brillado a lo largo de cuatro siglos, continúa brillando y brillará más en el futuro. Digan cuanto quieran los detractores de Cervantes, jamás nadie ha logrado inventar un personaje de ficción tan calido. Entero y perfecto, Don Quijote nos ha conquistado; vencedor o vencido su figura será siempre un lugar de peregrinación para todas las generaciones. A pesar de lo que pueda pensarse del drama de su derrota ante el Caballero de la Blanca Luna, nadie le negará la grandeza de su vida. Hasta la caída del caballo en playas de Barcelona es bella en su brusca dureza.

Salidos de Barcelona, cinco días estuvieron caminando Don Quijote y Sancho Panza «sin sucederles cosa alguna que estorbase su camino», enfrascados en conversaciones al uso. «Camina, pues, amigo Sancho, y vamos a tener en nuestra tierra el año del noviciado, en cuyo encerramiento cobraremos virtud nueva para volver al nunca de mí olvidado ejercicio de las armas».

Camina, Sancho, camina detrás o al lado de tu señor, quien te conducirá por senderos de gloria. Toda la vida de Don Quijote ha sido la consideración de un camino.

Así fue la salida de Don Quijote y Sancho de tierras catalanas, camino de Castilla a través de Aragón.

Todo acabó.

Todo menos el sueño de Don Quijote. Lo imposible que concibió Waserman era posible para él. Don Quijote dice a Sancho que planea entregarse a la vida pastoril. El sería el pastor Quijotiz, Sancho el pastor Pancino, el bachiller el pastor Carrascón y hasta el cura sería el pastor Curiambro.

A Dulcinea no le muda el nombre, pues "cuadra el de pastora como el de princesa".

Dulcinea es inamovible.

Dulcinea es el ideal, el rostro que soñamos, el refugio que anhelamos, el rayo azul crepuscular que ilumina nuestras noches.

Dulcinea es el ideal y Don Quijote el eterno idealista. Vencedor o vencido, el idealista siempre se mantiene en pie.

Camino de la Mancha, Don Quijote no causa lástima, sino admiración. La razón anida en el recóndito albergue de su locura, según la feliz expresión del poeta inglés Wordsworth. Don Quijote, dice Menéndez y Pelayo, ya citado, oscila entre la razón y la locura. Su derrota no es más que aparente. Su aspiración permanece íntegra. Quedará siempre de él, del invencible caballero Don Quijote de la Mancha, la alta idea que pone el brazo armado al servicio del orden moral y de la justicia.

Capítulo V

REGRESO A LA ALDEA

Cuando inicié la redacción de este trabajo solamente me propuse acompañar a Don Quijote en su viaje de Castilla a Cataluña, pasando por Aragón, y dejar constancia de cuanto le ocurrió en Barcelona, hasta su salida por las puertas de la ciudad condal una vez concluida la peregrinación.

Pero no he podido.

Saber a Don Quijote derrotado, abandonando humillado y cabizbajo la gran ciudad, de nuevo por la incertidumbre de los caminos, ha invadido de ternura mi corazón.

He decidido prolongar el discurso. Acompañar a Don Quijote en su regreso a la aldea y asistir a su muerte. Después de todo, la muerte es también un paso hacia delante.

Como apunta Martín de Riquer, las jornadas de la vuelta de Don Quijote están llenas de tristeza. Para animar el abatido ánimo de su amo Sancho lo consuela diciéndole que pasado el plazo impuesto por el caballero de la Blanca Luna podrán volver en busca de nuevas aventuras.

Clemencín fija su atención en la estrategia literaria de Cervantes. Sugiere que trató de llenar el espacio que medió entre el vencimiento de Don Quijote y el regreso a la aldea con incidentes de distinto género. No es pérdida de tiempo, sino regocijo para el alma analizar estos incidentes, aún sin profundizar en ellos.

Los dos labradores

Cinco días llevaban caminando señor y escudero «sin sucederle cosas que estorbase su camino», cuando «a la entrada de un lugar, hallaron en la puerta del mesón mucha gente... Cuando llegaba a ellos Don Quijote, un labrador alzó la voz, diciendo: Alguno de estos dos señores que aquí vienen, que no conocen las partes, dirá lo que se ha de hacer en nuestra apuesta» (Segunda parte, capítulo LXVI).

Ésta era la apuesta: Un labrador gordo desafía a otro labrador flaco a ver quién corre más. El gordo pesa once arrobas. El delgado cinco. El gordo pretende que el delgado, a fin de equilibrar la carrera, cargue sobre sus espaldas seis arrobas de hierro, para igualar las once del gordo.

No estaba el ánimo de Don Quijote para tales menudencias. Así lo dice a los labradores: «Yo no estoy para dar migas a un gato, según traigo alborotado y trastornado el juicio».

El dilema del cuentecillo lo resuelve Sancho en un quítame allá esas pajas. Todo es cuestión de un régimen alimenticio. Dice al gordo que adelgace hasta que sus carnes pesen lo mismo que las del flaco «y así podrán correr por igual».

Boquiabierto, uno de los labradores sentenció: «Si el criado es tan discreto, ¡cuál debe ser el amo!».

No sabía él que Sancho había practicado la justicia como Gobernador famoso en la ínsula Barataria.

Tosilos

«Aquella noche la pasaron amo y mozo en mitad del campo, al cielo raso y descubierto, y otro día, siguiendo su camino, vieron que hacia ellos venía un hombre de a pie, con unas alforjas al cuello y una azcona o cruzo en la mano, propio talle de correo a pie» (Segunda parte, capítulo LXVI).

El personaje no era otro que Tosilos, aquel lacayo del duque que en el capítulo LIV de esta segunda parte se le encomienda batirse en duelo con Don Quijote, desempeñando el papel de ofensor de la hija de Doña Rodríguez. Tosilos se enamora de la moza y renuncia al duelo. El duque manda que le den cien palos por haber contravenido las ordenanzas. Ahora se dirigía a Barcelona, «a llevar un pliego de cartas al virrey, que le envía mi amo».

Tosilos propone comer juntos de lo que cargan sus alforjas. Sancho acepta con hambre y con agrado. Don Quijote, firme en su creencia de que Tosilos es encantado y transformado por sus enemigos, rehúsa la comida y recrimina a Sancho: «Tú eres, Sancho, el mayor glotón del mundo y el mayor ignorante de la Tierra, pues no te persuades que este correo es encantado, y este Tosilos, contrahecho.

Quédate con él, y hártate; que yo me iré adelante poco a poco, esperándote a que vengas».

Cervantes confiere a este pasaje una gran plenitud vital. Don Quijote está triste por la derrota sufrida en la playa de Barcelona y por el conocimiento que tiene del final de la historia en casa de los duques. En su mente bulle el futuro incierto. No quiere comer ni beber. Tosilos y Sancho «despabilaron y dieron fondo con todo el repuesto de las alforjas, con tan buenos alientos, que lamieron el pliego de las cartas solo porque olía a queso».

Vida pastoril

El siguiente capítulo contiene un cambio de planes en la profesión de Don Quijote. Forzado a dejar el ejercicio de las armas durante un año propone a Sancho dedicarse ambos a la vida pastoril. El toque está en no darse por muerto antes de morir. Ésta es la raíz de las raíces de la locura quijotesca. No morir. Con tal de no morir está dispuesto a cambiar la profesión de caballero andante por la de pastor ambulante. Antes que quedar recogido en la aldea prefiere dedicarse al pastoreo. En su mente dibuja el reparto de papeles. Sansón Carrasco sería «el pastor Sansonino» o ya «el pastor Carrascón». «El barbero Nicolás se podrá llamar Niculoso»; al cura no sé qué nombre le pongamos, si no es algún derivativo de su nombre, llamándole «el pastor Curiambro». Teresa, la mujer de Sancho, sería «Teresona». El propio Sancho llamaríase «el pastor Pancino», y el hidalgo «el pastor Quijotiz». Con respecto a Dulcinea, Don Quijote no muda el pensamiento: «Pues el de mi señora cuadra así al de pastora como al de princesa, no hay para qué cansarme en buscar otro nombre que mejor le venga».

Ya ni batallas, ni ínsulas, ni reinos; ni caballos, ni lanza, ni gigantes. Desvestido de armadura, inerme y penitencial, agotaría el año de espera en los campos. «Yo compraré algunas ovejas –dice a Sancho–, y todas las demás cosas que al pastoral ejercicio son necesarias, y llamándome yo "el pastor Quijotiz" y tú "el pastor Pancino" nos andaremos por los montes, por las selvas y por los prados, cantando aquí, endechando allí, bebiendo de los líquidos arroyuelos, o de los caudalosos ríos… podremos hacernos eternos y famosos, no splo en los presentes, sino en los siglos venideros» (Segunda parte, capítulo LXVII).

José Camón Aznar escribe un relato conmovedor en torno al caballero vencido que opta por la vida pastoril. Narra la historia de Don Quijote convertido en pastor. Relata una serie de aventuras que bien podrían llevar por título «Tercera parte del Ingenioso Hidalgo Don Quijote de la Mancha».

Aznar, que ve a Don Quijote convertido en el pastor Quijotiz «alto, alto, con la frente entre las estrellas», añade que «no se le puede desposeer de su locura porque ello es arrancarle el manto real. Y loco y mil veces loco, volvió a salir por cuarta vez (no llegó a salir) de su casa por esos campos de Castilla tan infinitos como su alma».[29]

Una aventura cerdosa

Hablando de ovejas y de pastores Don Quijote y Sancho son inesperadamente atropellados por una manada de cerdos.

Unos hombres llevaban a vender a una feria «más de seiscientos puercos». «Llegó de tropel la extendida y gruñidora piara, y sin tener respeto a la autoridad de Don Quijote ni a la de Sancho, pasaron por encima de los dos, deshaciendo las trincheras de Sancho y derribando no solo a Don Quijote, sino llevando por añadidura a Rocinante. El tropel, el gruñir, la presteza con que llegaron los animales inmundos, puso en confusión y por el suelo a la albarda, a las armas, al rucio, a Rocinante, a Sancho y a Don Quijote» (Segunda parte, capítulo LXVIII).

Sancho, molido y furioso, levántose como pudo y pidió a su amo la espada para matar al menos a media docena de aquellos descomedidos puercos. Don Quijote, resignado, le pide calma: «Déjalos estar, amigo –le dijo–: que esta afrenta es pena de mi pecado, y justo castigo del Cielo es que a un Caballero Andante vencido le coman adivas, y le piquen avispas, y le hollen puercos».

Y aconseja a Sancho que duerma.

¿Pudo Cervantes haber evitado esta cerdosa humillación de Don Quijote? ¿Qué pretendía la negra historia? Implacablemente golpeado

29. José Camon Aznar, *El pastor Quijotiz,* Espasa Calpe, Madrid 1969, p. 10.

por el destino, constantemente amenazado por el desamparo, Don Quijote sufre aquí una mortificación degradante. ¿Era preciso?

Cantos de amor y muerte

En el mismo capítulo donde se cuenta la cerdosa aventura Cide Hamete Benengeli presenta a Don Quijote arrimado a un tronco de haya o de alcornoque; entre suspiros y suspiros, el caballero canta al amor y a la muerte de esta manera:

Amor, cuando yo pienso
En el mal que me das, terrible y fuerte,
Voy corriendo a la muerte,
Pensando así acabar mi mal inmenso;

Mas en llegado al paso
Que es puesto, en este mar de mi tormento,
Tanta alegría siento,
Que la vida se esfuerza y paso.

Así el vivir me mata,
Que la muerte me torna a dar vida.
¡Oh condición no oída
la que conmigo muerte y vida brota!.

«Cada verso acompañaba con muchos suspiros y no pocas lágrimas, bien como aquel cuyo corazón gemía traspasado con el dolor del vencimiento y con la ausencia de Dulcinea».

Del estiércol a la poesía. Don Quijote tuvo como pena a su pecado la afrenta que una piara de seiscientos cerdos hicieron a su dignidad, pasando sobre su cuerpo molido. Pero del panal salió la miel. Entre lágrimas y suspiros expresa lo más recóndito de su corazón en un canto al amor y a la muerte. Pisoteado o vencido, Don Quijote alcanza siempre la gloria.

Víctor Hugo, entre los franceses, reconoce las cualidades poéticas de Don Quijote. El amor, la fe y el heroísmo manan de las profundidades del espíritu del caballero andante. Don Quijote, compañero de ruta de la humanidad, como lo vio Merejkowski, no puede prescindir de la poesía. Ahí están, como espléndidos testimonios, los paréntesis poéticos de la novela y las propias afirmaciones del caballero. Cuando Sancho le pregunta: «Luego ¿también se le entiende a vuestra merced de trovas?», Don Quijote responde: «Y más de lo que tú piensas; y veráslo cuando lleves una carta, escrita en verso de arriba abajo, a mi señora Dulcinea del Toboso. Porque quiero que sepas, Sancho, que todos o los más caballeros andantes de la edad pasada eran grandes trovadores y grandes músicos; que estas dos habilidades o gracias, por mejor decir, son anexas a los enamorados andantes. Verdad es que las coplas de los pasados caballeros tienen más de espíritu que de primor» (Primera parte, capítulo XXIII).

Unamuno, siempre escarbando en las profundidades del alma, opina que fue en verso como Don Quijote llegó a descubrir los abismos de su locura.

Otra vez los duques

Abandonada Cataluña, camino hacia Castilla, otra vez tenemos a Don Quijote y a Sancho en el centro de Aragón. Cuenta Cide Hamete:

«Llegóse en esto el día, dio el sol con sus rayos en los ojos de Sancho, despertó, y esperezóse, sacudiéndose y estirándose los perezosos miembros; miró el destrozo que habían hecho los puercos en su repostería, y maldijo la piara, y aun más adelante. Finalmente, volvieron los dos a su comenzado camino, y al declinar la tarde vieron que hacia ellos venían hasta diez hombres de a caballo y cuatro o cinco a pie. Sobresaltóse el corazón de Don Quijote y azoróse el de Sancho, porque la gente que se les llegaba traía lanzas y adargas y venía muy a punto de guerra» (Segunda parte, capítulo LXVIII).

No iba aquella tropa en plan de guerra. No de guerra que mata. Eran enviados de los duques con órdenes de conducir a Don Quijote y a Sancho al castillo o palacio donde ya vivieron aventuras que se cuentan en los capítulos XXX al LVII en la segunda parte de la novela.

Por medio de Sansón Carrasco, quien en su retorno a La Mancha pone al corriente a los duques de lo sucedido en la playa de Barcelona, aquellos saben que Don Quijote regresa desarmado a la aldea y ha de pasar por el territorio. Los duques encuentran la ocasión de someter a nuevas burlas al caballero y a su escudero. Santos Oliver tiene palabras duras contra los duques. Dice de ellos que eran «la viva representación de aquella sociedad enervada, viciosa, envilecida; pertenecían a esa clase abyecta que disfruta excitando el temperamento nervioso del pobre orate».[30]

Quiere Clemencín que Cervantes, al introducir de nuevo a Don Quijote y a Sancho Panza en casa de los duques, busque reanimar el interés de la fábula mediante el espectáculo ideado para burlarse del amo y del mozo.

Sancho y la inquisición

El primer espectáculo bufonesco tiene a Sancho como protagonista. Aquí Cervantes inventa una parodia que le vale para fustigar a la Inquisición, como hace otras veces a lo largo de la novela. Cervantes, que confiesa su amor por todos los oprimidos y su desprecio hacia todos los opresores, escribe contra la autoridad del Santo Oficio inquisitorial siempre que tiene oportunidad de hacerlo. Como en esta ocasión.

A punto de concluir la reverencia que Don Quijote y Sancho hacen a los duques en forma de saludo, «salió de través un ministro, y llegándose a Sancho, le echó una ropa de bocací negro encima, toda pintada con llamas de fuego, y quitándole la caperuza, le puso en la cabeza una coroza, al modo de las que sacan los penitenciados por el Santo Oficio, y díjole al oído que no descosiese los labios, porque le echarían una mordaza, o le quitarían la vida. Mirábase Sancho de arriba abajo, veíase ardiendo en llamas; pero como no le quemaban, no las estimaba en dos ardites. Quitóse la coroza, vióla pintada de diablos, volviósela a poner, diciendo entre sí: aun bien que ni ellas me abrasan, ni ellos me llevan» (Segunda parte, capítulo LXIX).

Desprecio de Sancho al tribunal de la Inquisición. Ni sus llamas lo abrasan ni los demonios lo llevan.

El ministro que cubrió a Sancho Panza con ropajes de la Inquisición, ¿era el mismo «grave eclesiástico» que en la primera visita

---

30. Miguel Santos Oliver, o.c., p. 599.

a los duques insultó a Don Quijote llamándole «Don Tonto» y «alma de cántaro»? (Segunda parte, capítulo XXXI).

Conteniendo la ira, Don Quijote le responde que de no hallarse en aquel lugar y en presencia de duques, entraría con su lengua «en igual batalla con vuesa merced, de quien se debía esperar antes buenos consejos que infames vituperios» (Segunda parte, capítulo XXXII).

La opinión que a Don Quijote y a Sancho merecen los curas en las dos partes de la novela resultaría un estudio fascinante.

La vestimenta que el eclesiástico utiliza para sobrecubrir el cuerpo de Sancho la llevaban los condenados por la Inquisición. Como afrenta se les colocaba en la cabeza un capirote de papel en forma cónica. Solían tener pintadas imágenes que normalmente aludían a sus supuestos delitos. «Si los condenados eran pertinaces –apunta Francisco Rico– a las llamas habituales les añadían diablos».

El mero hecho de que Cervantes convirtiera en parodia un auto de fe viene a probar el poco respeto que le merecía la Inquisición.

«Don Quijote, aunque el temor le tenía suspenso los sentidos, no dejó de reírse de ver la figura de Sancho».

Por vez primera desde que fuera vencido por el caballero de la Blanca Luna ríe Don Quijote. Y ríe a costa de la Inquisición, ignorando las penas que conllevaba hacer burlas del Santo Oficio.

La resurrección de Altisidora

Aquí tenemos otra vez a Altisidora, doncella de la duquesa, «atrevida, graciosa y desenvuelta»–. En los capítulos XLIV al XLIX de la segunda parte, Altisidora ocupa sus buenos espacios en la novela. Finge estar enamorada de Don Quijote, recita bajo su ventana un romance burlesco y acosa al caballero con su mentido enamoramiento. La doncella lleva la burla a extremos que trasgreden las normas del recato femenino en aquellos tiempos, con escenas diurnas y nocturnas de carácter erótico. Por su culpa, Don Quijote sufre agresiones físicas y verbales, provocando la risa de los habitantes del palacio a expensas del hidalgo noble y bueno. Cuando tiene lugar la primera despedida, Altisidora, despechada, acusa a Don Quijote de robarle «tres tocadores y unas ligas». El duque se finge ofendido por el inexistente robo y reta a Don Quijote a «mortal batalla», lo que provoca la indignación del noble caballero. «No quiera Dios –respondió Don Quijote– que yo desenvaine mi espada contra vuestra ilustrísima persona, de quien tantas mercedes he recibido; los tocadores volveré, porque dice Sancho que los tiene, las ligas es imposible, porque ni yo las he recibido, ni él tampoco; y si esta vuestra doncella quisiere mirar sus escondrijos, a buen seguro que las halle. Yo, señor duque, jamás he sido ladrón, ni lo pienso ser en toda mi vida, como Dios no me deje de su mano. Esta doncella habla –como ella dice– como enamorada, de lo que yo no tengo la culpa» (Segunda parte, capítulo LVII).

El burlesco episodio de Altisidora prosigue en esta segunda visita de Don Quijote y Sancho al castillo. Ahora, la doncella antes desmayada de amor se finge muerta de melancolía erótica.

Dice Isaías Moragas que esta le parece «una de las escenas más sádicas, gratuitas y crueles de toda la historia, sino la más». «Y dice más Cide Hamete: que tiene para sí ser tan locos los burladores como los burlados, y que no estaban los duques dos dedos de parecer tontos, pues tanto ahínco ponían en burlarse de dos tontos» (Segunda parte, capítulo LXX).

En el capítulo anterior pudimos asistir a una escena lúgubre. El cuerpo de Altisidora se halla tendido en un túmulo mortuorio, como si muerta de verdad estuviera. Quienes hacían de jueces siguiendo la farsa pregonan que la resurrección de la doncella dependía de Sancho, para lo cual debería ser sellado su rostro «con veinticuatro mamonas,[31] y doce pellizcos y seis alfilerazos en brazos y lomos».

Sancho se revuelve, se agita, grita, protesta, discursea, no quiere que las criadas de la duquesa le soben el rostro, pero al final, convencido por la intervención de Don Quijote a favor de la muerta de mentira, transige y se sacrifica. «Altisidora, que debía de estar cansada por haber estado tanto tiempo supina, se volvió de un lado; visto lo cual por los circunstantes, casi todos a una voz dijeron: ¡Viva es Altisidora! ¡Altisidora vive!».

---

31. Mamona, voz anticuada lo mismo que mamola. Hacer la mamola es poner en cierta forma los dedos en la cara de otro, remedando las caricias que se hacen a los niños cuando maman, Clemencín.

Demasiado para Don Quijote. Suponiendo en Sancho el don divino de resucitar muertos, se pone de rodillas delante de él, diciéndole: «Ahora es tiempo, hijo de mis entrañas, no que escudero mío, que te des algunos de los azotes que estás obligado a dar por el encanto de Dulcinea. Ahora, digo, que es el tiempo donde tienes sazonada la virtud, y con eficacia de obrar el bien que de ti se espera» (Segunda parte, capítulo LXIX).

Altisidora no se da por vencida. Presa de una nueva vitalidad erótica penetra de noche en el apartamento de Don Quijote. Rechazada y enfurecida, llama a Don Quijote «señor don bacalao, alma de almirez, cuesco de dátil».

Pero ni los elogios ni los insultos logran cambiar la voluntad del Caballero de la Triste Figura. Para él solamente existe Dulcinea, «la hermosa, la honesta, la discreta, la gallarda y la bien nacida», y rechazadas todas las demás –incluida Altisidora– «las feas, las necias, las livianas y las de peor linaje». «Yo nací para ser de Dulcinea del Toboso– dice a Altisidora-, y las hadas, si las hubiera, me dedicaron a ella; y pensar que otra alguna hermosura ha de ocupar el lugar que en mi alma tiene, es pensar lo imposible» (Segunda parte, capítulo LXX).

Así ama Don Quijote. Orfeo está dispuesto a bajar a los infiernos en busca de Eurídice; Romeo quiere el corazón y el sexo de Julieta; Otelo muere por lo que él considera una violación de la fidelidad; Tristán se resigna a que otro goce las prendas sentimentales y físicas de Isolda; el amor de Don Juan por doña Inés se inicia con una pasión clandestina. Don Quijote es distinto a todos. Es superior a todos. Es el prototipo del amor en su expresión más elevada. Es el amor movido por la fuerza arrolladora del ideal. No pretende de Dulcinea un solo beso, ni desmaya de fiebre por acariciar su cuerpo. El idealismo de Don Quijote no niega realidad a Dulcinea, pero tampoco necesita tenerla ante él para amarla con todas las facultades del ser. Solo quien vive el amor con tan grande fuerza es capaz de olvidarse de sí mismo hasta la locura y de ignorar a cuantas mujeres puedan insinuarse.

Los azotes de Sancho

Salen Don Quijote y Sancho de casa de los duques y reemprenden el interrumpido camino hacia aquel lugar de La Mancha de donde llevaban tiempo ausentes.

Con el episodio de Altisidora acaban las aventuras de la pareja en Aragón. Pronto estarán otra vez en tierras de Castilla.

Don Quijote iba pensativo, con la tristeza del vencimiento, y alegre al suponer virtud divina en Sancho. El escudero andaba contrariado porque Altisidora no le dio seis camisas que le había prometido.

Yendo de camino Don Quijote recuerda a Sancho la deuda pendiente: Darse de azotes para lograr el desencanto de Dulcinea. El caballero promete al escudero pagarle por los azotes. «A cuyos ofrecimientos abrió Sancho los ojos y las orejas de un palmo, y dio consentimiento en su corazón azotarse de buena gana».

Como si de un trato mercantil se tratara, establecen las condiciones y el precio. Después de haber echado la cuenta de los azotes, Sancho añadió que todos ellos sumaban ochocientos veinticinco reales. «Estos desfalcaré yo de los que tengo de vuesa merced, y entraré en mi casa rico y contento, aunque bien azotado».

Eufórico, feliz y agradecido, Don Quijote exclama: «¡Oh Sancho bendito! ¡Oh Sancho amable, y cuán obligados hemos de quedar Dulcinea y yo a servirte todos los días que el cielo nos diere de vida! Si ella vuelve al ser perdido, que no es posible sino que vuelva, su desdicha habrá sido dicha, y mi vencimiento, felicísimo triunfo. Y mira, Sancho, cuándo quieres comenzar la disciplina; que porque la abrevies te añado cien reales».

Llegada la noche y conforme a lo pactado, «desnudóse luego de medio cuerpo arriba, y arrebatando el cordel, comenzó a darse, y comenzó Don Quijote a contar los azotes. Hasta seis u ocho se habría dado Sancho, cuando le pareció ser pesada la burla, y muy barato el precio de ella... El socarrón dejó de dárselos en las espaldas, y daba en los árboles, con unos suspiros de cuando en cuando, que parecía que con cada uno de ellos se le arrancaba el alma».

Conmovido Don Quijote, dando por verdad lo que era burla, detuvo los azotes: «No permita la suerte, Sancho amigo, que por el gusto mío pierdas tú la vida, que ha de servir para sustentar a tu mujer y a tus hijos; espere Dulcinea mejor coyuntura, que yo me contendré en los límites de la esperanza propincua, y esperaré que cobres fuerzas nuevas, para que se concluya este negocio a gusto de todos».

Quitóse Don Quijote la ropa, «abrigó a Sancho, el cual se durmió hasta que le despertó el sol, y luego volvieron a proseguir su camino» (Segunda parte, capítulo LXXI).

Unamuno hace del embuste de los azotes una confrontación social. A su juicio, los amos pagan no por los azotes, sino para evitar la rebeldía del pueblo. Y los que trabajan para otros deberían revolverse alguna vez y azotar a sus amos. La Revolución Francesa. «El Capital».

Álvaro Tarfe

Algunos tratadistas del Quijote, tal vez siguiendo la idea adelantada sin mucho acierto por Clemencin, sugieren que Cervantes utiliza la figura de Álvaro Tarfe en el capítulo LXXII de la segunda parte del Quijote para atacar a su émulo Avellaneda, dándole más importancia de la que merecía, guiado más bien al desahogo de sus resentimientos que al interés de la fábula.

Es una opinión. No la comparto.

Camino de la aldea Don Quijote y Sancho «apeáronse en un mesón, que por tal lo reconoció Don Quijote». Allí se encuentran con un caballero granadino llamado Álvaro Tarfe. Don Quijote recuerda el nombre, por haberlo leído cuando estaba ojeando el tomo de Avellaneda. Este encuentro supone la cumbre de la "mirada literaria" cervantina.

Efectivamente, Álvaro Tarfe aparece más de una vez en las páginas del «Segundo Tomo del Ingenioso Hidalgo Don Quijote de la Mancha», compuesto por el tal Alonso Fernández de Avellaneda, publicado en Tarragona en 1614, un año antes de que apareciera la segunda parte del Quijote escrita por Cervantes.

Entre las muchas afrentas que Avellaneda hace al personaje de Cervantes figura el internamiento de Don Quijote en la casa de locos de Toledo, tarea que lleva a cabo precisamente Álvaro Tarfe. A Juan Carlos Rodríguez parece asombroso que Cervantes utilice en su obra a un personaje del falso libro en el verdadero Quijote. Pero así es.

Don Quijote pregunta al caballero si él es el mismo Álvaro Tarfe que anda impreso en el Quijote de Avellaneda y se le abre el cielo cuando aquél le contesta: «El mismo soy, y el tal Don Quijote sujeto principal de la tal historia, fue grandísimo amigo mío, y yo fui el que le sacó de su tierra, o, a lo menos, le moví a que viniese a unas fiestas que se hacían en Zaragoza, adonde yo iba».

No es difícil imaginar el estupor y la sorpresa de Don Quijote al oír tales cosas. Pero quien explota es Sancho. Dice a Álvaro Tarfe que el escudero que acompaña al falso Quijote «debe de ser algún grandísimo bellaco, frión y ladrón juntamente». El verdadero Sancho, el único, es él. «Y el verdadero Don Quijote de la Mancha, el famoso, el valiente y el discreto, el enamorado, el desfacedor de agravios, el tutor de pupilos y huérfanos, el amparo de las viudas, el matador de las doncellas, el que tiene por única señora a la sin par Dulcinea del Toboso, es éste señor que está presente, que es mi amo; todo cualquier otro Don Quijote y cualquier otro Sancho Panza es burlería y cosa de sueño».

Con parecidas palabras Don Quijote corrobora lo dicho por su escudero y añade otras razones. Después de algunas pláticas, Álvaro de Tarfe reconoce la mentira del Don Quijote y del Sancho de Avellaneda y declara ser verdaderos el Don Quijote y el Sancho que tiene ante sí. Pero a Don Quijote no le basta el reconocimiento privado. Quiere legitimidad pública. A falta de otra autoridad mayor recurre al alcalde del pueblo para que levante acta de la confesión de Álvaro Tarfe. «Finalmente el alcalde proveyó jurídicamente; la declaración se hizo con todas las fuerzas que en tales casos debían hacerse; con lo que quedaron Don Quijote y Sancho muy alegres, como si les importara mucho semejante declaración y no mostrara claro la diferencia de los dos Don Quijotes y la de los dos Sanchos sus obras y sus palabras» (Segunda parte, capítulo LXXII).

Con este episodio Cervantes se propone denigrar el falso Quijote de Avellaneda. Lo hace utilizando a los personajes que dialogan entre sí. Ha sido descaradamente plagiado, maltratado literariamente. Se siente como un acusado en la necesidad de proclamar la verdad ante sí mismo y ante el mundo. Por otro lado, Don Quijote y Sancho quedan definitivamente reivindicados ante la Historia, que todo lo escrutina y todo lo juzga.

Llegada a la aldea

Zanjado el pleito con Álvaro Tarfe, caballero y escudero recorren el último tramo del camino que les separa del destino final. Sancho Panza concluye los azotes, «de que quedó Don Quijote contento». A medida que cabalgaba, el caballero miraba a todas las mujeres que encontraba al paso, por ver si en alguna reconocía a Dulcinea del Toboso. A la entrada de la aldea encuentran a dos niños que reñían. Uno dice al otro: «No te canses, Periquillo, que no la has de ver en todos los días de tu vida». Se refería el niño a una jaula de grillos que el otro le había prestado y que no pensaba devolver. Pero los enamorados, escribió Menéndez y Pelayo –no tienen más razón de ser que el amor mismo–. El amor es una deidad a la vez halagüeña y terrible. Don Quijote acomoda la sentencia del niño a sus propios suspiros amorosos y dice a Sancho: «¿No ves tú que aplicando esa palabra a mi intención quiere significar que no tengo de ver más a mi Dulcinea?».

¿La había visto alguna vez en la realidad o solo en su imaginación? ¡Qué más da! El amor está hecho de la tela de nuestros sueños.

Llegando al pueblo ven al cura y al bachiller Carrasco rezando en un pradecillo. «Apéase Don Quijote y abrazólos estrechamente». El ama y la sobrina, avisadas, esperaban a la puerta de la casa de Don Quijote. También estaban Teresa Panza y Sanchica, la hija.

Sin más dilación, Don Quijote se reúne a solas con el cura y el bachiller. Les cuenta la historia de su vencimiento, que Carrasco conocía bien, por haberla protagonizado, y les declara su intención de abandonar la andante caballería, «hacerse aquel año pastor, y entretenerse en la soledad de los campos, donde a rienda suelta podía dar vado a sus amorosos pensamientos».

El socarrón de Sansón Carrasco apoya las intenciones de Don Quijote y le sugiere nombres de posibles pastores y pastoras.

Cansado de tantas pláticas, Don Quijote pide al ama y a la sobrina: «Llevadme al lecho, que me parece que no estoy muy bueno… y las buenas hijas –que lo eran, sin duda, ama y sobrina– le llevaron a la cama, donde le dieron de comer y regalaron lo posible» (Segunda parte, capítulo LXXIII).

El fantasma de la muerte rondaba amenazador por todos los rincones de la estancia.

Capítulo VI

LA MUERTE DE DON QUIJOTE

La vida de Don Quijote se inicia con una aproximación a su biografía. Alto de estatura, delgado de cuerpo, de unos cincuenta años de edad. Gasta sus menguadas rentas en comprar libros de caballería que lee «de claro en claro y de turbio en turbio». «Del poco dormir y del mucho leer se le secó el cerebro, de manera que vino a perder el juicio». Imbuido con el ideal de justicia y equidad de la caballería medieval sale de su aldea una calurosa mañana de julio, sin que nadie se dé cuenta, y a lomo de Rocinante se echa por los caminos con la intención de «agravios que pensaba deshacer, tuertos que enderezar, sinrazones que enmendar, abusos que mejorar y deudas que satisfacer».

Su ausencia de la aldea había producido la natural intranquilidad. Después de haber sido apaleado por un mozo de mulas, un labrador vecino suyo, Pedro Alonso, lo recoge y lo lleva al lugar de donde partió.

Así concluye la primera salida de Don Quijote.

Pero escapa de nuevo. ¿Hay cadenas para amarrar la voluntad? ¿Hay contratiempos que maten los sueños? ¿Hay océanos donde se hundan los ideales?

Quince días estuvo Don Quijote en casa muy sosegado. Transcurridos los cuales «dio órdenes de buscar dineros, y, vendiendo una cosa y empeñando otra, malbaratándolas todas, llegó una razonable cantidad». Quiere volver al camino.

Al perder los «más de cien cuerpos de libros grandes» en la hoguera encendida por el cura, el bachiller Sansón Carrasco, el ama y la sobrina, Don Quijote se ha quedado sin vida en la casa.

¿Por qué han de arrebatarnos lo que más nos gusta? ¿Por qué no nos dejan a solas con nuestra locura? ¿Qué intereses mueven al querer enderezar nuestras vidas? Si sus caminos no son nuestros caminos, ¿por qué no nos dejan transitar en paz por la senda elegida?

Para su segunda salida Don Quijote busca un escudero. La elección –no tenía mucho donde elegir– recae en un labrador vecino suyo llamado Sancho Panza «que era pobre y con hijos, pero muy a propósito para el oficio escuderil de la caballería». Era Sancho «hombre de bien, pero con muy poca sal en la mollera... Tanto le dijo, tanto le persuadió y prometió, que el pobre villano se determinó de salirse con él y servirle de escudero».

Y así, «sin despedirse Panza de sus hijos y mujer, ni Don Quijote de su ama y sobrina, una noche se salieron del lugar sin que persona los viese; en lo cual caminaron tanto, que al amanecer tuvieron por seguro de que no los hallarían aunque los buscasen».

Esta segunda salida de don Quijote ocupa cuarenta y cinco capítulos de la fábula, desde el VI al LII, donde se pone fin a la primera parte.

La locura de Don Quijote, si locura fue aquella manera del vivir humano, le lleva a protagonizar aventuras tristes, desmayadas, dolientes. Aventuras que despiertan en nosotros una emoción que llega hasta las lágrimas. Porque en todas esas aventuras del caballero hay una primación de los ideales sobre las ideas. Su ideal es Dulcinea; su misión en la tierra, el desencanto de la amada. El ideal que llena su inteligencia y su voluntad. En pos de ese ideal Don Quijote se deshace más que se hace.

La segunda salida concluye con una escena cruel, además de desgarradora.

El cura y el barbero –cuyos nombres los borren los rayos de Júpiter– contrataron los servicios de un carretero de bueyes. Hicieron una jaula de palos capaz que pudiera caber en ella Don Quijote, lo ataron de pies y manos mientras dormía, le encerraron dentro de la jaula y clavaron fuertemente los maderos para que no se pudieran romper a dos tirones. Luego tomaron la jaula, la acomodaron en el carro de los bueyes y emprendieron el camino de la aldea.

Seis días tardaron en llegar. Entraron en el pueblo un domingo por la mañana, cuando la gente estaba en la calle y pudo presenciar la llegada del héroe en esas condiciones humillantes, ya desenjaulado, pero arrojado sobre un haz de heno en la carreta de bueyes.

Así acabó la segunda salida del caballero y el Quijote de 1605.

Estas pinturas, estas parodias, el triste desenlace del retorno forzado a la aldea producen un inmenso dolor. Y el alma, lastimada, vierte lágrimas.

Pero el idealista no llora. Ni se deja morir cobardemente. Vencedor o vencido, la persona de ideales nunca cede. Schiller decía que en la vida se repite todo. Lo único que se mantiene eternamente joven es la fantasía del ideal. Según Tourgueneff, Don Quijote representa la fe, lo eterno e inmutable, la energía del sacrificio. En el esquelético y bondadoso personaje hay una fuerza que le impulsa a proseguir su misión.

El ama lo advierte. Alarmada, acude a Sansón Carrasco: «Señor bachiller de mi ánima, que quiere salir otra vez, que con esta será la tercera, a buscar por ese mundo lo que él llama venturas, que yo no puedo entender cómo les da este nombre. La primera vez nos le volvieron atravesado sobre un jumento, molido a palos. La segunda vez vino en un carro de bueyes, metido y encerrado en una jaula, adonde él se daba a entender que estaba encantado».

Nada detiene a Don Quijote. Cuando llevaba un mes muy sosegado en su casa grita aquello de «caballero andante he de morir» y planea nueva escapada. Tres días estuvo preparando con Sancho la salida, al cabo de los cuales, «al anochecer, sin que nadie lo viese, sino el bachiller, que quiso acompañarles media legua del lugar, se pusieron camino del Toboso».

Esta vez no cabalgan al azar. Hundido en las simas de su cordura quiere ver a su señora Dulcinea. La dama es personificación viviente de su fantasía. El verano de 1883, dos años después de graduarse en la Universidad de Viena, Freud lo pasó estudiando español con la sola intención de leer el Quijote en su versión original. Freud se sintió atraído por la personalidad de Dulcinea. Dijo que en la dueña de Don Quijote se daban todos los elementos de la fantasía sublime y de la realidad querida.

Visión imposible.
Amor inalcanzado.
Dulcinea no se manifiesta.
La fantasía se esfuma.
El ideal no se materializa.

Don Quijote se resigna: «Ahora torno a decir y diré mil veces que soy el más desdichado de los hombres». Con este hondo quejido se cierra la búsqueda de Dulcinea.

Caballero y escudero emprenden el camino hacia las fiestas de Zaragoza. De lo que sucede a la pareja en tierras de Aragón y de Cataluña ya he escrito en otro lugar. De nuevo en casa, le llega la hora. La hora del misterio.

Enfermo en cama, Don Quijote da en filosofar sobre la brevedad y fragilidad de la vida humana, tema favorito de escritores y poetas de todos los tiempos.

Caminamos hacia la casa de la eternidad más rápidamente de lo que quisiéramos. Dice Cide Hamete:

> *«Como las cosas humanas no son eternas, yendo siempre en declive de sus principios hasta llegar a su último fin, especialmente las vidas de los hombres, y como la de Don Quijote no tuviese privilegio del cielo para detener el curso de la suya, llegó su fin y acabamiento cuando él menos lo pensaba».*

Nadie tiene en la tierra privilegio del cielo para detener la muerte. Está establecido por el Inmortal que muramos y no valen armas en esta guerra. Cuando menos lo pensaba enfermó de muerte Don Quijote. La vida humana se desliza con la rapidez del viento cuando quiere, como quiere, y no hay forma de pararla.

¿Murió Don Quijote de esa enfermedad conocida como melancolía, cuyas causas puede ser físicas o morales? Cide Hamete había escrito con anterioridad que «siempre la melancolía fue de la muerte parienta». Y aquí dice que la enfermedad terminal de Don Quijote «pudo ser de la melancolía que le causaba el verse vencido».

El texto no precisa en qué consiste esa melancolía. Cuando el galeno diagnostica determina el mismo mal a Don Quijote: «Fue el parecer del médico que melancolías y desabrimientos le acababan».

La persona melancólica suele interpretar sus sensaciones en un sentido de culpabilidad. Se cree solo, acabado. Padece angustia, dolor interior. Sin embargo, no hay, por lo general, alteración de la memoria ni perversión de la conciencia.

En este estado se encontraba el bueno, el puro, el noble caballero Don Quijote de la Mancha. Un espadachín desconocido lo había derribado y vencido junto a aguas del Mediterráneo. A pesar de todos sus esfuerzos, no obstante haber recurrido a innumerables subterfugios, su señora Dulcinea del Toboso continuaba encantada. Nunca pudo tener lugar el tan deseado encuentro. La voluntad de Don Quijote, enferma de melancolía, ni pedía ni deseaba nada.

Como ocurre a Rogerio en la comedia de Tirso de Molina, la melancolía de Don Quijote va en aumento. Nada le distrae. Ha perdido la alegría. Intentan halagar la imaginación del enfermo siguiéndole la manía:

> *«Por todas las vías posibles procuraban alegrarle, diciéndole el bachiller que se animase y levantase para comenzar su pastoral ejercicio... Pero no por esto dejaba Don Quijote sus tristezas».*

Entendiendo que el pronóstico de la melancolía suele ser en ocasiones grave, convenía estar espiritualmente preparado para el desenlace final.

Fue el consejo del médico «que, por si o por no, atendiese a la salud de su alma, porque la del cuerpo corría peligro».

A lo largo de la novela Don Quijote tiene frecuentes reacciones anticlericales. Pero actúa como un hombre creyente en la realidad y en la trascendencia de Dios.

En realidad, el manantial de su valentía se dividía en dos polos: Dios y la sin par Dulcinea del Toboso. En el famoso episodio de los molinos, que se cuenta en el capítulo VIII de la primera parte, dice a Sancho: «... Ésta es buena guerra, y es gran servicio de Dios quitar tan mala simiente de sobre la faz de la tierra».

Don Quijote está convencido de que hace un servicio a Dios al reñir sus luchas en batallas contra el mal. Para Unamuno, la obediencia de Don quijote a Dios «es una de las cosas que más debemos observar y admirar en su vida».

Llega ahora el momento de pensar en la salvación del alma. Es el rumbo final hacia el ideal absoluto. Han muerto también para esta vida los que no esperan en otra. La vida es un día y el alma no conoce el tiempo.

Don Quijote aspira a una vida en plenitud. «Yo no soy religioso», objeta Sancho para evitar los azotes. El caballero responde con una frase en latín: «Yo "post tenebras spero luceur"».

Después de las tinieblas de la tierra, la luz del cielo. La cita de don Quijote es una interpretación de Job 17:12: «Algunos llaman día a la noche, luz cercana a la tiniebla presente».

Muy sabio el consejo del médico. En el curso de la vida y a la hora de la muerte conviene pensar en la salvación del alma. Una religión vale lo que valen las relaciones por ella establecidas y el mundo de la eternidad. La realidad de la muerte hace sumamente útil un recuerdo para la salud del alma.

Cuando Platón, en el «Timeo», afirma que el tiempo viene a ser una imagen móvil de la eternidad , no acierta del todo. La eternidad no significa un tiempo inacabable, sino otra cosa distinta, difícil de definir por el entendimiento humano. Hacia la meta de la eternidad cabalga el caballo del tiempo. Unas veces lo hace a paso lento y otras a galope, como lo señala Don Quijote en una de las sentencias más crudas y extraordinarias de toda la novela. Dirigiéndose a Sancho, quien le pide que no se muera, y a Sansón Carrasco, junto al lecho del enfermo, les dice:

> *«Señores, vámonos poco a poco, pues ya en los nidos de antaño no hay pájaros hogaño».*

Poco a poco o mucho a mucho, todos nos vamos.

Poco a poco se fue Abel en plena juventud y mucho a mucho se fue Adán, su padre, quien vivió hasta los 930 años.

Es la sentencia divina: Está establecido a hombres y mujeres que mueran. Decir, como Calderón, que la vida es sueño, es decir una metáfora. Pero en toda metáfora existe un vínculo con la realidad.

La Biblia compara la vida humana a un día. Una vigilia de la noche. Un torrente de agua. Un sueño. La yerba del campo. Un pensamiento. Una sombra. Un penacho de humo. Una niebla madrugadora. Una caña tronchada por el viento. Un vuelo a lugares celestiales.

Todo queda aquí al morir. En los nidos de antaño no hay pájaros hogaño.

Sabio Don Quijote.

De la misma opinión era Shakespeare. En el quinto acto de Macbeth se lamenta: «El mañana y el mañana y el mañana avanzan en pequeños pasos (el poco a poco de Don Quijote), de día en día, hasta la última sílaba del tiempo recordable; todos nuestros ayeres (los nidos de antaño) han alumbrado a los locos el camino de la muerte. ¡Extínguete, extínguete, fugaz antorcha! (Los pájaros de hogaño).

Solamente Dios mide y enumera el tiempo.

Ido el médico, Don Quijote, con ánimo sosegado, rogó que lo dejasen solo, porque quería dormir un poco.

> *«Hiciéronlo así y durmió de un tirón, como dicen, más de seis horas: tanto, que pensaron el ama y la sobrina que se había quedado en el sueño. Despertó al cabo del tiempo dicho y, dando una gran voz, dijo: ¡Bendito sea el todo poderoso Dios, que tanto bien me ha hecho! En fin, sus misericordias no tienen límite, ni las abrevian ni impiden los pecados de los hombres».*

Una de las muchas referencias que Don Quijote hace a la Biblia. En el capítulo 3 del libro llamado «Lamentaciones», escrito por el profeta Jeremías, leemos: «Por la misericordia del Señor no hemos sido consumidos, porque nunca decayeron sus misericordias. Nuevas son cada mañana».

Cuando afirma que los pecados de los hombres no impiden la misericordia de Dios, Don Quijote se mueve en el centro de la Escritura. En los pecados de los hombres se distinguen tres elementos: La injuria que se le infiere a Dios, su separación de Dios, volviéndole la espalda y la caída y descomposición interiores. Pero todos estos elementos no anulan las misericordias de Dios, que son eternas, nuevas cada mañana.

La sobrina, pese a ser mujer de misa dominical, como era obligado en aquellos tiempos, mucho más en pueblos pequeños, no entiende el lenguaje del enfermo. No sabe de pecados ni de misericordias divinas. Asombrada por lo que cree nuevos disparates, pregunta:

«¿Qué es lo que vuestra merced dice, señor? ¿Tenemos algo de nuevo? ¿Qué misericordias son éstas, o qué pecados de los hombres?».

Llega el desenlace final. El momento cumbre de la fábula concebida por Cervantes, el más grande de los escritores que en el mundo han sido, y transmitida por Cide Hamete Benengeli.

Don Quijote vuelve a ser Alonso Quijano el bueno. El loco caballero de la Triste Figura ha desaparecido para siempre. La locura de Don Quijote se ha extinguido al golpe de una enfermedad. La imagen es genial. Acumulando energías, responde a la sobrina con un largo párrafo que vale la pena de leer y releer, haciendo esfuerzos por contener las lágrimas que provoca: «Las misericordias, sobrina, son las que en este instante ha usado Dios conmigo, a quien, como dije, no las impiden mis pecados. Yo tengo juicio ya libre y claro, sin las sombras caliginosas de la ignorancia que sobre él me pusieron mi amarga y continua leyenda de los detestables libros de caballerías. Yo conozco sus disparates y sus embelecos, y no me pesa sino que este desengaño ha llegado tan tarde, que no me deja tiempo para hacer alguna recompensa leyendo otros que sean luz del alma. Yo me siento, sobrina, a punto de muerte: querría hacerla de tal modo, que diese a entender que no había sido mi vida tan mala, que dejase renombre de loco; que, puesto que lo he sido, no querría confirmar esta verdad en mi muerte. Llámame, amiga, a mis buenos amigos, al cura, al bachiller Sansón Carrasco y a maese Nicolás el barbero, que quiero confesarme y hacer mi testamento».

La melancolía encerrada en «los nidos de antaño» ha volado con los últimos vestigios de la locura, que deja paso a la grandeza de los nobles propósitos. No quiere Don Quijote que su fama de loco le siga hasta la muerte. Se puede vivir cometiendo locuras, pero es irracional morir loco. En esta hora suprema hemos de ser dueños de nuestro juicio, afrontar la hora final con la mente en condiciones de discernir. Sin necesidad de que la sobrina los llame, entran en la estancia los tres amigos citados. Nada más verlos, Don Quijote exclama eufórico:

«Dadme Albricias, buenos señores, de que ya no soy Don Quijote de la Mancha, sino Alonso Quijano, a quien mis costumbres me dieron sobrenombre de bueno».

Ya no es Don Quijote de la Mancha. Ha vuelto a ser quien fue hasta que «del poco dormir y del mucho leer, se le secó el cerebro, de manera que vino a perder el juicio».

La recuperación del juicio perdido, ¿fue obra de la intervención divina? ¿Fue un milagro la transformación de Don Quijote de la Mancha en Alonso Quijano el bueno?

Lo milagroso pertenece también al campo de la filosofía, no solo al de la teología. No de la filosofía abstracta, que solo se dedica a investigar las relaciones necesarias de las cosas, sino de la filosofía aplicada, que refleja el ropaje visible de lo sobrenatural.

Don Quijote atribuye su curación a «las misericordias que en este instante ha usado Dios conmigo». Y más adelante dice a sus amigos:

> *«Ya conozco mi necedad y el peligro en que me pusieron haberlas leído ("las historias profanas de la andante caballería"); ya, por misericordia de Dios escarmentando en cabeza propia, las abomino».*

En el corto espacio que abarcan las conversaciones con la sobrina y con los tres amigos, Don Quijote alude cuatro veces a las misericordias de Dios. Aquí lo sobrenatural aparece de un modo visible, perceptible, milagroso, argumento en el que no se detienen los comentaristas del Quijote.

¡Hombres de poca fe!, recriminó Jesús a sus discípulos. Del mismo linaje debían ser los amigos de Don Quijote, incluido el cura. No creían las palabras de Alonso Quijano. «Creyeron sin duda que alguna nueva locura le había tomado». Quieren seguir la burla. Dicen a Alonso Quijano que ya ha sido desencantada Dulcinea. «Vuelva en sí y déjese de cuentos», es la palabrería brutal del bachiller Sansón. Sobrecoge su incredulidad.

¿Es facultad de la persona que muere volver en si? Estarían de más todos los cementerios del mundo. Mal calculador era el tal Carrasco. ¿Cuento recobrar la razón o haberla perdido? Alonso Quijano le responde que aquellos cuentos «verdaderos en mi daño, los ha de volver mi muerte, con ayuda del cielo, en mi provecho».

¡Qué difícil hacen la muerte los que no creen en su cercanía! Deseos de vivir tenemos todos. Decía Nietzsche que la esencia de la vida consiste en anhelar más vida. Por esto no se le debería imponer a nadie el deber de vivir, como lo estaba haciendo Sansón Carrasco –vuelva en sí y déjese de cuentos– y lo haría poco después Sancho Panza llorando: «No se muera vuestra merced, señor mío, sino tome mi consejo y viva muchos años».

Lo de Sansón fue pobre burla, tal como lo interpretó Alonso Quijano. Lo de Sancho es un quejido del alma.

«Vuelva en sí». «No se muera». ¿Han visto alguna vez con qué autoridad los agentes de tráfico impiden que contemplemos a un muerto en la carretera? ¡Circulen, circulen, apártense, no se paren!

Circula, Sansón. Circula, Sancho. Estáis en presencia de un hombre que muere. No os paréis ante su lecho con palabras huecas. Nadie puede no morirse cuando es llegada su hora. Y la de Alonso Quijano pasaba rápidamente los minuteros del reloj. Él lo sabía. Era perfectamente consciente del hecho. Dirigiéndose al grupo que le rodeaba, les dice:

> *«Yo, señores, siento que me voy muriendo a toda priesa; déjense burlas aparte y tráiganme un confesor y un escribano que haga mi testamento, que en tales trances como éste no se ha de burlar el hombre con el alma; y así, suplico que en tanto que el señor cura me confiesa vayan por el escribano».*
> *«Señores, siento que me voy muriendo».*

Con esta moneda todos hemos de pagar la posada que ocupamos en vida. Salimos del mundo y en el mismo instante sale el mundo de nosotros. Negarlo es locura. Si la vida es destierro, morir no es otra cosa que cumplirse el destierro de la vida. La muerte no es destrucción, sino partida. Es otra edad, como el nacimiento, la adolescencia o la virilidad. No hay otro camino para pasar a la vida que el camino de la muerte.

«Déjense burlas aparte».

La vida está vivida y la canción cantada.

No hay que burlarse de un hombre cuando se siente morir. La hora de la última cita es una hora muy seria. La muerte es en sí suficientemente grave para que se le agregue el tormento de la burla. Aquel que recorría los caminos de España creyéndose Don Quijote de la Mancha, con el cerebro en fermentación, estimulado por la voluntad de aventuras, casi todas ellas disparatadas, ahora se sabe Alonso Quijano, con un pie en el más acá y otro en el más allá.

Gran locura es hacer burla cuando se está a punto de inmortalidad con el ingreso de otro cuerpo. Sansón Carrasco, bachiller por Salamanca, pudo haber recordado la sabia sentencia de Marco Aurelio: «¡No desprecies a la muerte!». El desprecio a la muerte tal vez no sea otra cosa que el disimulo del miedo que se la tiene.

A la muerte sigue la inmortalidad del alma. Que el alma es inmortal no es un misterio. Es una seguridad divina y una verdad filosófica, solo oscurecida por el desconcierto de la razón que duda, pero perteneciente a la esfera de la razón que cree.

También el alma ha de ser tomada en consideración a la hora de la muerte. Alonso Quijano tiene por segura esta verdad. De aquí su reproche a Sansón Carrasco: «En tales trances como este no se ha de burlar el hombre con el alma».

En el tomo primero de su *DICCIONARIO FILOSÓFICO,* en el largo artículo que dedica a la palabra alma, Voltaire, que en mi opinión no fue ateo, dice que la noción del alma y todas las especulaciones metafísicas deben ser sometidas a la revelación bíblica. «Porque a no dudar –escribe– la revelación vale más que toda la filosofía. Los sistemas ejercitan el espíritu, pero la fe lo ilumina y lo guía». Y más adelante en el mismo artículo añade: «El mayor beneficio que debemos al Nuevo Testamento no es otro que el de habernos revelado la inmortalidad del alma... Vale más bendecir la revelación de la inmortalidad del alma y las de las penas y recompensas después de la muerte, que la soberbia filosofía de hombres que siembran la duda».[32]

Alonso Quijano el bueno no quiere burlas con el alma. Como clamó el Maestro, también su alma está triste, hasta la muerte. Esa noche el Eterno ha pedido su alma, que no es de él. «Todas las almas son mías», dice el Señor (Ezequiel 18:4). Y se dispone a preparar la entrega. Primero quiere dejar resueltos los problemas de la pequeña parcela de vida que le fue concedida.

Antes de su segunda salida, Don Quijote hizo testamento de cuanto poseía y lo dejó «cerrado en casa», es decir, sellado para su custodia (Primera parte, capítulo XX). Más adelante, cuando sus

---

32. Voltaire, *DICCIONARIO FILOSÓFICO,* Ediciones Daimón, Barcelona 1976, tomo I, pp. 67 a 91.

vecinos maquinaban enjaularlo y llevarlo de regreso a la aldea, el caballero recuerda el testamento. Aludiendo a las promesas hechas a Sancho, dice: «Por lo menos su salario no podrá perderse, que en mi testamento, que ya está hecho, dejo declarado lo que se le ha de dar» (Primera parte, capítulo XLVI).

Puesto que no se dice que lo invalidara, ¿existió un primer testamento en la realidad o solo en la fantasía de Don Quijote? Como quiera que fuese, ahora, con la locura ya amortecida y en presencia del escribano, decide hacer testamento y ordenar su alma «con todas aquellas circunstancias cristianas que se requieren».

Deja a Sancho los dineros que restan de las cuentas que ambos compartían, «que será bien poco, y buen provecho le haga». Pide perdón al escudero «de la ocasión que te he dado en parecer loco como yo, haciéndote caer en el error en que yo he caído de que hubo y hay caballeros andantes en el mundo».

Un estremecimiento me invade cuando copio estas tiernas palabras del loco resucitado. ¿Emoción? ¿Turbación? ¿Piedad? ¿Dramatismo? ¿Deseos de llorar? No lo se. Tan solo sé que al oír al enfermo, Sancho pronunció un ¡ay! lastimero y rompió en llanto. Lo comprendo.

A la sobrina, cuyo nombre aparece por primera vez en la fábula, Antonia, deja toda su hacienda «a puerta cerrada». Pone como condición que si contrajera matrimonio con un hombre aficionado a libros de la caballería andante «pierda todo lo que le he mandado, lo cual puedan mis albaceas distribuir en obras pías a su voluntad».

También el ama entra en el testamento: «La primera satisfacción que se haga quiero que sea pagar el salario que debo del tiempo que mi ama me ha servido, y más veinte ducados para un vestido».

No hay más beneficiarios de los bienes de Alonso Quijano. Como albaceas nombra solo dos, «el señor cura y el señor bachiller Sansón Carrasco».

La parte final del testamento incluye una extraña encomendación a los albaceas:

«Que si la buena suerte les trujere a conocer al autor que dicen que compuso una historia que anda por ahí con el título de *SEGUNDA PARTE DE LAS HAZAÑAS DE DON QUIJOTE DE LA MANCHA,* de mi parte le pidan, cuan encarecidamente se pueda, perdone la ocasión que sin yo pensarlo le di de haber escrito tantos y tan grandes disparates como en ella escribe, porque parto desta vida con escrúpulo de haberle dado motivo para escribirlos».

La obsesión que Don Quijote tenía con Avellaneda la sigue manteniendo Alonso Quijano hasta las últimas horas de vida.

Avellaneda había prometido escribir «otro Quijote» que incluso sería más bueno que el primero. Con su testamento, Alonso Quijano corta la carrera literaria del autor anónimo. Don Quijote ha dejado de existir. La locura ha dado paso a la cordura. Quien ahora existe –por poco tiempo– es Alonso Quijano, el hidalgo que le dio vida. Quijano ha matado definitivamente a Don Quijote y ahora, en la hora de la muerte, mata también al suplantador, al falso Quijote. Al cerrar el testamento cerraba de un portazo mortuorio las posibles andanzas del otro Quijote.

Tres días vivió Alonso Quijano al filo de la muerte.

«En fin, llegó el último de Don Quijote, después de recibidos todos los sacramentos y después de haber abominado con muchas y eficaces razones de los libros de caballerías. Hallóse el escribano presente y dijo que nunca había leído en ningún libro de caballerías que algún caballero andante hubiese muerto en su lecho tan sosegadamente y tan cristiano como Don Quijote; el cual, entre compasiones y lágrimas de los que allí se hallaron, dio su espíritu, quiero decir que murió».

«Jesús, habiendo clamado a gran voz, entregó el espíritu» (Mateo 27:50)

¡Con qué tierna sensibilidad traza Cervantes la muerte de Don Quijote, ya transformado en Alonso Quijano!

Autores rusos que escribieron bellísimos comentarios al Quijote se estremecieron al narrar las escenas de la muerte. La muerte de Don Quijote, dice Tourgueneff, inunda al alma de indecible emoción. Según Dostoyevsky, Don Quijote se fue de la tierra plácidamente, amando al mundo con esa ternura que en su santo corazón encerrara.

Acertado está Navarro Ledesma, muy acertado, cuando escribe que «a este íntimo arrancamiento de todo nuestro ser que la muerte de Don Quijote nos causa, no ha llegado ningún otro escritor conocido. Aquí Homero cede, calla Dante, Goethe se esconde avergonzado en su clásico egoísmo. Solamente Cervantes pudo convertir una lágrima en sonrisa y una sonrisa en carcajada, y al final, trocar la carcajada en sonrisa y hacer que la sonrisa vuelva a ser sollozo».[33]

Difícil superar este sublime párrafo sobre la muerte de Don Quijote de la Mancha, el grande, el único, el sufrido, el alegre, el justo, el romántico, el hombre que supo elevar el amor hasta la cumbre del ideal. Su vida, como la concibió Ortega, fue un perenne dolor, un constante desgarrarse en pos de la aventura.

En el obligado acabamiento de todo lo terreno y temporal, Don Quijote, Alonso Quijano, muere sereno, puesto el pensamiento en la inmortalidad. Tres días antes dijo a Sansón Carrasco que no admitía burlas con el alma. Su cuerpo se iba apagando poco a poco, pero aquel cuerpo esquelético ocultaba una realidad espiritual, el alma. No somos tan solo vulgar arcilla. Y el alma de Don Quijote pasó de su cuerpo muerto a las moradas vivas en lugares celestiales donde la razón no penetra.

En el capítulo último de la primera parte de la novela Cervantes se propone avivar con artificios la curiosidad del lector. Alude a la posibilidad de una nueva salida de Don Quijote, pero al mismo tiempo, como final de la historia que ha estado contando, se cree obligado a dar muerte al personaje. Para ello propone que la noticia de su muerte se sacó de unos pergaminos escritos en letra gótica que un antiguo médico halló en una caja de plomo descubierta entre los escombros de una vieja ermita derribada. En esos pergaminos figuran poemas compuestos por «el cachidiablo académico de la Argamansilla». El referido a la sepultura de Don Quijote reza así:

«Aquí yace el caballero
bien molido y malandante
a quien llevó Rocinante
por uno y otro sendero».

Un poema mediocre. Pero no fue de mejor fortuna el que Sansón Carrasco redactó para colocar en la verdadera y única sepultura de Don Quijote:

---

33. Francisco Navarro y Ledesma, *EL Ingenioso Hidalgo Miguel de Cervantes Saavedra,* Espasa Calpe, Madrid 1948, p. 328.

«Yace aquí el hidalgo fuerte
que a tanto extremo llegó
de valiente, que se advierte
que la muerte no triunfó
de su vida con la muerte.
Tuvo a todo el mundo en poco,
fue el espantajo y el coco
del mundo, en tal coyuntura,
que acreditó su ventura
morir cuerdo y vivir loco».

Comenta Clemencin que el epitafio carece de chiste si es de burlas y no es bastante claro si es de veras. Este académico murciano, cuyo trabajo más meritorio fue la edición comentada del Quijote, escrita entre 1833 y 1839, a quien he citado en varias ocasiones, se muestra particularmente duro con Sansón Carrasco. Dice que «la dicción es rastrera, los versos desmayados, y en cuanto a los conceptos, el de la primera quintilla peca por alambicado y falso, el de la segunda por oscuro». Añade que «es desagradable ver deslucido el final de esta admirable fábula con un insulso epigrama».[34]

Puede que lleve razón Clemencín. No solo en lo que dice sobre la construcción de los versos, sino en el epitafio en si. Antiguamente el epitafio era un privilegio reservado a gente noble; para obtenerlo había que pagar a los mayordomos de la Iglesia católica. «Amigos, no recarguéis mi tumba con malos versos», fue el encargo que hizo a sus amigos en el siglo XVI el poeta francés Jean Passerat. Gómez de la Serna, siempre destilando ironía, pensó que el epitafio es la última tarjeta de visita que se hace el hombre.

Sansón Carrasco quiso hacer justicia a la memoria de Don Quijote, pero quedó corto. Logró, eso sí, poner un punto en la inmortalidad del héroe: «La muerte no triunfó de su vida con la muerte». Tantas veces caído, Don Quijote se levanta en la inmortalidad.

---

34. Diego Clemencín, *El Ingenioso Hidalgo Don Quijote de la Mancha comentado,* incluido íntegro en el tomo *Don Quijote de la Mancha,* Ediciones Castilla, Madrid, sin fecha de impresión, Edición del IV Centenario, p. 1953.

Por lo demás nada necesitaba el caballero hidalgo. Su «yo sé quien soy» daba fe de su sentido existencial. La voz que clamó en su sangre e iluminó su sendero no quedó apagada en la sepultura. Si él sabía quién era y quién podía llegar a ser, poco le habría de importar lo que otros escribieran en su tumba.

La historia de Don Quijote empieza con las armas y termina con la pluma. En sus por muchos conceptos famoso discurso sobre las armas y las letras, que figura en el capítulo XXXVIII de la primera parte, Don Quijote afirma que sin las letras no se pueden sustentar las armas, «porque la guerra también tiene sus leyes y está sujeta a ellas, y las leyes caen debajo de lo que son letras y letrados».

Después de escribir dos tomos que tienen algo de guerreros, Cide Hamete decide colgar la pluma que ha construido la vida de Don Quijote. Que nadie, absolutamente nadie, vuelva a retomar la historia del *INGENIOSO HIDALGO DON QUIJOTE DE LA MANCHA:*

> *«El prudentísimo Cide Hamete dijo a su pluma: Aquí quedarás colgada desta espetera y deste hilo de alambre, ni sé si bien cortada o mal tajada peñola mía, adonde vivirás luengos siglos, si presuntuosos y malandrines historiadores no te descuelgan para profanarte. Pero antes que a ti lleguen, les puedes advertir y decirles en el mejor modo que pudieres:*
>
> *¡Tate, tate, folloncios!*
> *De ninguno sea tocada,*
> *Porque esta empresa, buen rey,*
> *Para mí estaba guardada».*

Así es como la pluma que ha escrito tan larga historia y la transformación de una locura en cordura, queda finalmente colgada en la pared, en la «espetera» de donde pendían los utensilios de cocina.

¿Cómo? ¿En la pared de una cocina la pluma de ave que ha escrito esta Biblia de la Humanidad que es el Quijote, el monumento literario más piadoso que vieron los siglos?

No en la pared de una cocina, no, prendida en el alma deberíamos llevar todos, cada uno de nosotros, la pluma que narró las sublimes aventuras que tanto nos hicieron reír y nos hicieron llorar.

Quiero acabar mi trabajo sobre la muerte de Don Quijote con una reflexión en torno a lo que Hamete Benengeli dice de sus huesos.

Materia vencida por el tiempo, el Ingenioso Hidalgo muere en la carne y en los huesos. Cide Hamete Benengeli, el historiador arábigo quiere que, como otro Moisés, las generaciones futuras desconozcan el lugar de su enterramiento:

> *«Que deje reposar en la sepultura los cansados y ya podridos huesos de Don Quijote, y no le quiera llevar, contra todos los fueros de la muerte, a Castilla la Vieja, haciéndole salir de la fuesa».*

Flota aquí el espíritu de Don Quijote. Su cuerpo, única cosa que de él pudo morir, es enterrado en lugar anónimo.

Pero todo lo grande es eterno. Tan grandes hechos como los protagonizados por Don Quijote en vida no desaparecieron para siempre en la fosa. Aún vivimos en ellos. Aún morimos con ellos. Y pasarán a la vida más alta del espíritu.

Un día, los huesos molidos del tantas veces molido Don Quijote saldrán a resurrección de vida. Al sonido de la gran trompeta, en el día final, sus huesos resucitarán incorruptos, porque pertenecieron al cuerpo de un hombre bueno y creyente. Será el más fantástico espectáculo desde la creación del mundo. Habrá un ruido que nadie podrá callar, un temblor universal; los huesos se juntarán cada hueso con su hueso. Brotarán los tendones sobre ellos, surgirá la carne, la piel los cubrirá y el cuerpo inmaculado de Don Quijote desafiará todas las leyes, vencerá a la muerte y al sepulcro, montará sobre Rocinante, se ajustará la armadura, blandirá la espada y el mundo etéreo que surja conocerá las nuevas hazañas del de la Alegre Figura por los caminos infinitos de las nubes.

Resucitará Don Quijote.